Standard Deutsch 7

Das systematische Lernbuch

Arbeitsheft *Basis*

Erarbeitet von

Annette Brosi
Toka-Lena Rusnok
Bettina Tolle

Inhaltsverzeichnis

Zu literarischen Texten schreiben

Literarische Texte zusammenfassen	4
Eine Zusammenfassung schreiben	7
Teste dich selbst! Einen literarischen Text zusammenfassen	8

Berichten

Die Sprache im Bericht untersuchen	10
Einen Bericht verfassen	12
Teste dich selbst! Einen Bericht verfassen	14

Schriftlich Stellung nehmen

Eine Argumentationskette entwickeln	15
Den Hauptteil schreiben	18
Einleitung und Schluss schreiben	19
Teste dich selbst! Schriftlich Stellung nehmen	20

Sachtexte lesen und verstehen

Sachtexte erschließen	21
Tabellen erschließen	25
Teste dich selbst! Sachtexte und Diagramme erschließen	26

Literarische Texte lesen

Eine Ballade verstehen	28
Die Sprache einer Ballade untersuchen	30
Teste dich selbst! Merkmale einer Ballade untersuchen	31

Nachdenken über Sprache

Nomen und Pronomen verwenden	32
Adjektive verwenden	33
Mit Verben Zeitformen bilden	34
Aktiv und Passiv verwenden	35
Teste dich selbst! Wortarten/Aktiv und Passiv verwenden	37
Satzglieder bestimmen	38
Adverbiale Bestimmungen verwenden	39

Teste dich selbst! Satzglieder bestimmen	41
Sätze verbinden	42
Relativsätze verwenden	44
Teste dich selbst! Sätze verbinden / Relativsätze verwenden	45

Richtig schreiben

Wörter mit langen Vokalen richtig schreiben	46
Wörter mit kurzen Vokalen richtig schreiben	48
s-Laute richtig schreiben	49
Teste dich selbst! Wörter genau aussprechen und richtig schreiben	50
Den Wortaufbau als Rechtschreibhilfe nutzen	51
Suffixe für Nomen verwenden	52
Suffixe für Adjektive verwenden	53
Teste dich selbst! Wortbausteine erkennen	54
Getrennt- und Zusammenschreibung	55
Teste dich selbst! Getrennt oder zusammen?	57
Nomen großschreiben	58
Nominalisierungen großschreiben	60
Zeitangaben schreiben – groß oder klein?	61
Teste dich selbst! Groß oder klein?	62
Kommas in Aufzählungen und Satzreihen	63
Das Komma in Satzgefügen	64
Das Komma in Relativsätzen	65
Teste dich selbst! Mit Komma oder ohne?	66
dass-Sätze bilden	67
Teste dich selbst! dass-Sätze bilden	69
Wörter ableiten	70
Wörter verlängern	71
Nomen erkennen	72
Teste dich selbst! Rechtschreibstrategien	73

Teste dein Wissen! Lernstandstest   74

Literarische Texte zusammenfassen

Das Textverständnis sichern

- Notiere deinen ersten **Leseeindruck** und **Fragen** zum Text.
- Unterstreiche und kläre **unbekannte Wörter**. Schreibe Notizen an den Rand.
- Beantworte **W-Fragen**: Wo spielt die Geschichte (Ort)? Wer ist wichtig (Hauptfiguren)? Worum geht es (Thema)?
- Teile den Text in **Abschnitte** ein.
- Untersuche das **Verhalten der Figuren**: Wie und warum handeln sie so?

1 a) Lies die Überschrift und den ersten Teil der folgenden Erzählung.

Reinhold Ziegler

Der Mann auf dem Berg

Auf einem sehr hohen Berg stand eine kleine Hütte. In diese Hütte zog ein Mann, der von Lärm und Stadt und Autos und Menschen die Nase voll hatte und nur noch alleine sein wollte.
Er setzte sich im Yogasitz* vor die Hütte, schaute nach Osten und dachte an
5 nichts. Er hatte noch keine siebeneinhalb Minuten dort gesessen, als ein fremder Mensch sich neben ihn stellte.
„He, du mit deinen verbrezelten Beinen, was machst du hier oben?", fragte der. „Ich blicke nach Osten", antwortete der Mann. „Ah! Und sonst? Wovon lebst du?" „Von Luft und Sonne", sagte
10 der Mann auf dem Berg, weil er hoffte, der andere würde nach einer solchen Antwort endlich aufhören zu fragen.
„Super! Wahnsinn!", rief der andere aber, zog ein Handy hervor und rief seine Kumpels an. „He, Leute, das müsst ihr sehen. Hier oben hockt einer mit Brezelbeinen, schaut nach Osten und lebt
15 von nix!", schrie er.
Kurz darauf kamen ein Dutzend Männer und Frauen hochgeklettert. Sie stellten sich um den Mann auf dem Berg und fragten ihm ein, zwei Löcher in den Bauch. Der Mann antwortete nichts, nach einer Weile, als es ihm zu viel wurde, sagte er leise: „Psst!"
20 „Psst!", riefen sich jetzt die Leute zu. „Seid doch mal ruhig, der braucht doch seine Ruhe!" Sie setzten sich im Kreis um den Mann auf dem Berg, versuchten, ihre Beine zu verbrezeln und schwiegen ein paar Minuten.

Randnotizen:

1. Abschnitt
Flucht eines Mannes in die Berge

der Yogasitz: Sitzhaltung, in der meditiert und nachgedacht wird

verbrezelt: _____

2. Abschnitt
Störung des Mannes durch Neugierige

b) Notiere deinen ersten Leseeindruck in dein Heft.

c) Beantworte die folgenden Fragen in Stichwörtern:

Wo spielt die Geschichte? _____

Welche Figuren kommen vor? _____

Worum geht es (bis jetzt)? _____

d) Notiere weitere Fragen zum Text in dein Heft.

e) Schreibe in die Randspalte, was mit dem Wort „verbrezelt" (Zeile 7) gemeint ist.

> **TIPP**
> Frage z. B. danach, was in der Stadt passiert ist.

2 a) Lies die Erzählung bis zum Ende.

Dann fing einer an, in seinem Rucksack nach etwas zu suchen.
25 „Luft und Sonne, echt Wahnsinn, ich pack das nicht", sagte er, holte eine Flasche Bier und zwei Fischbrötchen heraus und fing an zu essen. Weil es immer Hunger macht, wenn einer anfängt, wühlten sie jetzt alle in ihren Rucksäcken herum, bis zwischen ihnen und rund um den Mann auf dem Berg eine Flasche Bier, zwei Fischbrötchen, sieben Müsliriegel, vier Dosen
30 Energydrink, eine Tafel Nougatschokolade, ein kaltes Kotelett, zwei McDonalds Big Mäc, ein Sixpack Cola light, fünf halbe Hähnchen, sieben zuckerfreie Kaubonbons und dreizehn hart gekochte Eier lagen. „Greif doch zu!", sagten sie zu dem Mann. „Das ist es nicht, was ich brauche", sagte der Mann auf dem Berg langsam und verzweifelt. Am Nachmittag wurden die
35 Bergsteiger vom Nach-Osten-Schauen müde. „Also servus, war echt spitze!", riefen sie und verschwanden. Der Mann auf dem Berg atmete tief durch. Doch tauchte nach einer Weile ein Hubschrauber mit der Aufschrift TV-NEWS auf. Heraus kletterten ein Kameramann, ein Tonmann und ein Mikrofonmann. Sie fragten ihn kurz, wer er sei, ob er tatsächlich von Luft
40 und Sonne lebe, ob er zu ihrer nächsten Talkshow käme und bei welcher Bank er sein Konto habe, damit sie ihm das Honorar überweisen könnten. Der Mann auf dem Berg wartete, bis sie alles gefragt und sich selber die richtigen Antworten gegeben hatten, dann schaute er dem Hubschrauber nach, wie er verschwand.
45 Am nächsten Morgen wurde er von lautem Hämmern geweckt. Ein Stück unterhalb hatten Männer begonnen, eine zweite Hütte zu bauen. Sie nagelten gerade ein Schild „Zum Mann auf dem Berg" über die Tür. Dort verkauften sie Videos, Fotos und Kassetten von ihm, gaben Kurse in Beine-Verbrezeln und ermahnten jeden der täglich tausend Besucher, ruhig zu
50 sein, um den Mann auf dem Berg nicht zu stören.
Der aber hatte genug. Er packte seine Siebensachen zusammen, stieg ab ins Tal und suchte sich in der Stadt eine Wohnung. Er kaufte sich einen Farbfernseher, einen Ledersessel, einen Kühlschrank, einen Computer, einen Gameboy, ein Faxgerät und ein Telefon. Der Fernseher lief den ganzen Tag,
55 doch das Telefon klingelte nie. Kein Mensch kam ihn besuchen, wollte mit ihm reden oder etwas von ihm wissen. Er setzte sich mit verbrezelten Beinen auf seinen Ledersessel und war so allein, dass er fast verrückt wurde.

b) Kläre folgende Wendungen aus dem Textzusammenhang.
Schreibe Stichwörter.

Honorar überweisen (Zeile 41): _____

Siebensachen packen (Zeile 51): _____

3. Abschnitt
Wandergruppe beginnt, üppig zu picknicken

4. Abschnitt
Presse erscheint und interviewt Mann

5. Abschnitt
Geschichte des Mannes auf dem Berg wird zu Geld gemacht

6. Abschnitt
Mann flieht zurück in die Stadt

c) Bestimme das Thema der Erzählung. Welcher Satz trifft den Inhalt am besten? Kreuze an.

In der Erzählung „Der Mann auf dem Berg" von Reinhold Ziegler geht es …

☐ um viele Leute, die auf einem Berg sind und die Sonne genießen.

☐ um einen Mann, der auf einen Berg steigt, um Ruhe zu finden, doch durch lärmende Neugierige gestört und schließlich vertrieben wird.

☐ um einen Mann, der gestört wird.

> **❗ Aus der Sicht einer literarischen Figur schreiben**
>
> Um einen Text besser zu verstehen, versetze dich **in eine Figur** hinein und überlege, was sie **denken** und **fühlen** könnte.
> - Formuliere in der **Ich-Form**.
> - Beachte: Deine Aussagen dürfen **nicht im Widerspruch zum Text** stehen.
> - Schreibe so, dass es für andere **verständlich** und **nachvollziehbar** ist.

3 Überlege, wie sich der „Mann auf dem Berg" fühlt, ehe er gestört wird. Kreuze diejenigen Aussagen an, die deiner Meinung nach zutreffend sind.

☐ Ich fange schon jetzt an, mein Stadtleben zu vermissen.

☐ Ich möchte für immer hierbleiben und über das Leben nachdenken.

☐ Schon ganz schön einsam hier oben. Was werde ich den ganzen Tag machen?

☐ Endlich weg von Lärm und Schmutz der Stadt fühle ich mich leicht und frei.

☐ Meine Beine tun jetzt schon weh.

Ruhe

Alleinsein

an nichts denken

4 „Das ist es nicht, was ich brauche", sagt der Mann auf dem Berg in Zeile 35. Schreibe aus der Sicht des Mannes einen Brief, in dem er seiner Schwester von seinen bisherigen Erlebnissen auf dem Berg berichtet.

a) Notiere in Stichwörtern, wie sich der Mann in dieser Situation fühlt und was er denkt.

b) Überlege dir Antworten zu folgenden Fragen:
- Wonach hat der Mann auf dem Berg eigentlich gesucht?
- Was stört ihn nun auf dem Berg?

c) Verfasse nun einen Brief aus der Sicht des Mannes auf der Grundlage deiner Notizen. Achte darauf, die Gedanken und Gefühle des Mannes anschaulich zu formulieren. Beginne so:

Liebe Sarah,

danke für deinen Brief. Er hat mich etwas aufgemuntert …

Eine Zusammenfassung schreiben

> **Die Textzusammenfassung schreiben**
>
> - Teile den Text in **Abschnitte** ein. Schreibe am Rand geeignete Überschriften auf.
> - Notiere zu jedem Abschnitt die **wichtigsten Handlungsschritte** in Stichwörtern.
> - Schreibe zu jedem Abschnitt wenige Sätze, die das Wichtigste **sachlich und knapp** wiedergeben. Schreibe im **Präsens** und **in eigenen Worten**.
> - Halte dich an diesen Aufbau:
>
> **Einleitung:** Nenne in einem oder zwei Sätzen Textart, Titel und Autor. Schreibe auf, worum es in dem Text geht.
> **Hauptteil:** Fasse den Handlungsablauf zusammen. Verwende deine Sätze aus der Vorbereitung und streiche unwichtige Einzelheiten.
> **Schlussteil:** Schreibe kurz deine persönliche Meinung zum Text auf.

TIPP

(3) Mann will nichts essen, Schaulustige verschwinden

(4) Hubschrauber erscheint, Leute interviewen ihn, Angebot, bei einer Talkshow mitzumachen, Presse verschwindet wieder

(5) Souvenirgeschäft auf dem Berg, mehr als 1000 Schaulustige pro Tag

(6) Flucht in Stadt, Mann mietet Wohnung mit modernen Geräten, niemand ruft an, kein Interesse mehr an ihm, Mann ist einsam und unglücklich

1 Formuliere zu den Abschnitten 3 bis 6 die wichtigsten Handlungsschritte in zwei bis drei vollständigen Sätzen. Schreibe in dein Heft. Nutze die Stichwörter in der Randspalte und orientiere dich an den folgenden Beispielen für Abschnitt 1 und 2.

(1) Ein Mann, der Ruhe sucht, zieht aus der Stadt auf einen Berg und meditiert. Ein Wanderer kommt und beginnt, ihn auszufragen. Die knappen Auskünfte, er lebe nur von Luft und Sonne und blicke nach Osten, begeistern den Fremden so, dass er seine Bekannten auffordert, zu kommen.

(2) Weitere Wanderer kommen und versuchen, mit dem Mann zu reden. Als der Mann um Ruhe bittet, setzen sie sich um ihn herum und versuchen, ebenfalls zu schweigen.

(3) Nach einer Weile fangen die Wanderer an, …

2 a) Schreibe die Einleitung deiner Textzusammenfassung. Ergänze dazu den folgenden Satz.

In der (Textsorte) _____ (Titel) _____

von (Autor) _____ geht es um (Thema)

_____

_____ .

TIPP

Sieh oben auf S. 6 nach. Hier findest du Hilfen, wie du das Thema benennen kannst.

b) Schreibe den Hauptteil in dein Heft und fasse die wichtigsten Handlungsschritte zusammen.

c) Schreibe den Schlussteil in dein Heft. Nimm darin persönlich Stellung zum Text.

TIPP

Lies noch einmal deine Sätze von Aufgabe 1 und streiche, was nicht unbedingt wichtig für den Handlungsablauf ist.

Teste dich selbst!

Einen literarischen Text zusammenfassen

1 Lies die Erzählung.

Franz Hohler

Der alte Mann

1. Abschnitt Im Wald verirrt	Ein Wanderer kam einmal in einem großen Wald in den Bergen vom Weg ab und verirrte sich. Als es dunkelte, sah er aber glücklicherweise ein Licht. Er ging näher und kam zu einem Felsen, an dem ein Haus ⁵ gebaut war. Der Wanderer klopfte an, und ein alter Mann machte die Tür auf. Als ihm der Wanderer seine Lage erklärt hatte, sagte der alte Mann, er könne ruhig bei ihm übernachten.
2. Abschnitt Das eigenartige Haus	Erleichtert trat der Wanderer ein, und der alte Mann zeigte ihm sein Zimmer und lud ihn ein, mit ihm zu Nacht zu essen. Eigenartig, dachte der ¹⁰ Wanderer, dass der alte Mann das Bett umgekippt hat, aber vielleicht hat er es lange nicht gebraucht. Er ging in die Stube. Zwei Teller lagen umgekehrt auf dem Tisch, und eine Flasche Wein stand so da, dass der Flaschenhals auf dem Tisch balancierte.
3. Abschnitt Das gemeinsame Essen	„Guten Appetit", sagte der alte Mann, hob seinen Teller ganz leicht und holte ¹⁵ sich ein Stück Käse hervor, dann ließ er den Teller wieder über dem Essen zuschnappen. Der Wanderer getraute sich nicht, etwas anderes zu machen als sein Gastgeber, griff auch unter den umgekehrten Teller und holte sich seine Käsestücklein hervor, und als der alte Mann blitzschnell seinen Kopf unter den Flaschenhals schob und einen Schluck Wein trank, ohne dass ein ²⁰ Tropfen danebenging, versuchte es der Wanderer auch, aber er verschüttete fast den halben Wein auf sein Hemd.
4. Abschnitt Die verrückte Toilette	„Die Toilette", sagte der alte Mann, „ist da drüben, ich gehe auch schnell." Er ging hinein, der Wanderer hörte, wie gespült wurde, und der alte Mann kam wieder heraus, tropfnass von oben bis unten. Als der Wanderer auch auf die ²⁵ Toilette ging, sah er, dass die Schüssel auf halber Höhe umgekehrt an der Wand befestigt war. Kopfschüttelnd pinkelte er zum Fenster hinaus.
5. Abschnitt Gespräch über die richtige Ordnung	Der Mann begab sich in das Zimmer, das der alte Mann ihm zugewiesen hatte, und begann dort, das umgekehrte Bett wieder auf die Füße zu stellen. Fast war er fertig damit, da ging die Tür auf und der alte Mann fragte: „Was ³⁰ machen Sie da?" „Ich stelle nur das Bett richtig", sagte der Wanderer. „Nein, Sie kehren es um", sagte der alte Mann. „Nein, ich stelle es richtig", sagte der Wanderer und ließ es wieder fallen, „oder könnten Sie so schlafen?" „Natürlich", sagte der alte Mann. Der Wanderer wunderte sich sehr. „Bei Ihnen ist alles umgekehrt", sagte er. „Morgen zeige ich Ihnen, wie es richtig ³⁵ ist."
6. Abschnitt Die Ordnung wird hergestellt	Am anderen Morgen stellte er das Geschirr richtig auf den Tisch, half dem alten Mann, die Toilettenschüssel richtig anzubringen, und stellte auch die Betten auf die Füße. „Sie haben mir sehr geholfen", sagte der alte Mann, als er merkte, dass auf diese Art alles viel leichter ging.

40 Als der Wanderer im nächsten Sommer wiederkam, bat ihn der alte Mann etwas verlegen hinein, und siehe da, das Geschirr stand wieder verkehrt herum, die Toilettenschüssel war wieder in halber Höhe verkehrt befestigt, und die Betten streckten die Füße nach oben. „Wissen Sie", sagte der alte Mann, „ es ist vielleicht schon mühsamer auf diese Weise, aber ich bin es
45 einfach so gewöhnt." „Das verstehe ich", sagte der Wanderer laut, „das verstehe ich." Trotzdem rannte er wieder zur Türe hinaus und eilte mit langen Schritten durch den Wald davon.

7. Abschnitt
Das Wiedersehen

2 Beantworte die W-Fragen. /3

Wo? *Die Erzählung spielt* _____

Wer? *Die Hauptpersonen sind* _____

Worum geht es? *Es geht um einen Wanderer, der* _____

_____

3 Ordne die Sätze den Textabschnitten zu, indem du sie von 1 bis 7 nummerierst. /7

☐ Der Mann hat auch seltsame Essgewohnheiten: Alles Geschirr und sogar die Weinflasche stehen verkehrt herum auf dem Tisch.

☐ Der Wanderer stellt die richtige Ordnung her. Der alte Mann ist froh, weil jetzt alles viel bequemer zu erreichen und bedienen ist.

☐ Sogar die Toilette hängt verkehrt herum an der Wand.

☐ Der Wanderer dreht das Bett richtig herum und bietet dem alten Mann an, die richtige Ordnung herzustellen. Der alte Mann wundert sich, weil er seine Ordnung als die richtige ansieht.

☐ Der Mann hat ein seltsames Gästezimmer. Das Bett ist umgekippt.

☐ Ein Wanderer verläuft sich im Wald und wird von einem alten Mann über Nacht aufgenommen.

☐ Als der Wanderer nach einem Jahr wiederkommt, hat der alte Mann seine verkehrte Welt wiederhergestellt. Er sei es einfach so gewöhnt, erklärt er dem Wanderer. Der Wanderer verlässt daraufhin sofort das Haus.

4 Welchen Aufbau solltest du in der Textzusammenfassung einhalten? Ordne zu. /3

Einleitung _____

Hauptteil _____

Schluss _____

| Hauptschritte der Handlung | Autor | persönliche Meinung |

| Textart | Thema | Titel |

Gesamt: **/13**

Zu literarischen Texten schreiben

9

Die Sprache im Bericht untersuchen

> **Die Sprache im Bericht**
> - Ein Bericht soll **genau**, **knapp** und **sachlich** sein.
> - Du kannst den Text verdichten, wenn du Nebensätze in Satzglieder umformst, z.B.: *während wir aufführten → während der Aufführung; nachdem wir mit unserer Vorführung fertig waren → nach der Vorführung*.
> - Im Bericht stehen die Verben oft im **Passiv**.
> - Die Zeitform des Berichts ist das **Präteritum**.

1 Mira schreibt in einer E-Mail an ihre Freundin über ein besonderes Ereignis.

Talente gesucht!

Großer Talentwettbewerb
für Jugendliche von 12 bis 14 Jahren

Samstag, 20.3., ab 14:00 Uhr
in der Lessing-Schule (Sporthalle)

Kannst du tanzen oder singen, ein Musikinstrument besonders gut spielen oder eine Form von Akrobatik vorführen?

Preise zu gewinnen!

Organisiert von der Oberstufe der Lessing-Schule.
Alle Eintrittsgelder und Spenden gehen an ein Kinderhospiz.

Hi Lena, der Samstagabend war einfach super! Über 20 Auftritte gab es. Hannes hat mit seiner Trommelband getrommelt, da waren fast 20 Leute auf der Bühne, und alle mit den selbstgebauten Trommeln, das war schon stark. Der beste Auftritt des Abends! Alle haben ewig gejohlt und geklatscht. Die haben auch den ersten Preis gemacht. Ich habe mit Lotta gesungen, Dancing Queen, puh, war ich aufgeregt. Echt cool war auch Moritz mit seinem Diabolo*. Beim Tanzen hat Sophia gewonnen. Aber das ist o.k., sie war auch echt gut. Nächstes Jahr wieder, haben wir beschlossen, die Halle war gerammelt voll und es wurden 500 Euro gespendet!!! Ich seh dich, XX Mira

das Diabolo: ein Geschicklichkeitsspiel

a) Die E-Mail enthält einige unsachliche Formulierungen und Informationen, die für einen Bericht unwichtig sind. Unterstreiche diese im Text.

TIPP
Lies in der Anzeige und im Text nach.

b) Um was für ein Ereignis geht es?
Ordne den W-Fragen die richtigen Antworten zu.

Wer?	Talentwettbewerb in verschiedenen Bereichen
Was?	um Gelder für ein Kinderhospiz zu sammeln
Wann und Wo?	Wiederholung im nächsten Jahr geplant
Warum?	alle Jugendlichen zwischen 12 und 14 Jahren
Welche Folgen?	Samstag, 20.3., 14:00 Uhr, Sporthalle Lessing-Schule

2 Verdichte die Sätze, indem du die Nebensätze in Satzglieder umwandelst, z. B.:

Nachdem das Publikum feierlich begrüßt worden war, begann der Wettbewerb.
→ **Nach der feierlichen Begrüßung des Publikums** begann der Wettbewerb.

Während sie ihre Kunststücke vorführten, herrschte gespannte Aufmerksamkeit.

_____

_____

Obwohl sich ein kleiner Unfall auf der Bühne ereignete, blieben alle ruhig.

_____

_____

Alle Beteiligten freuten sich, dass sie fast 500 Euro eingenommen hatten.

_____

_____

während ihrer Vorführung

trotz des Unfalls

alle freuten sich über

3 a) Kreuze die Sätze an, in denen Verben im Passiv verwendet werden.

☐ Die Lessing-Schule organisierte am Samstag einen Talentwettbewerb. (1.)

☐ Das Publikum wurde von den Künstlern mit einem tollen Programm verwöhnt. (2.)

☐ Der Diabolo-Akrobat Moritz B. überraschte alle mit seinen Kunststücken. (3.)

☐ Alle Eintrittsgelder wurden von der Schule an ein Kinderhospiz gespendet. (4.)

b) Formuliere alle Sätze in die jeweils andere Form um.

1. *Der Talentwettbewerb am Samstag wurde* _____

_____

2. *Die Künstler verwöhnten* _____

_____

3. _____

_____

4. _____

_____

INFO
Wird im Satz das handelnde Subjekt betont, steht das Prädikat im **Aktiv**, z. B.:
*Die Schule **organisiert** einen Talentwettbewerb.*
Wird im Satz der Vorgang/die Handlung betont, steht das Prädikat im **Passiv**, z. B.:
*Ein Talentwettbewerb **wird** von der Schule **organisiert**.*

Einen Bericht verfassen

> **❗ Einen Bericht schreiben**
> - In der **Einleitung** werden **W-Fragen** beantwortet: **Wer** (tat etwas)? **Was** (geschah)? **Wann** (fand das Ereignis statt)? **Wo** (fand es statt)?
> - Der **Hauptteil** beantwortet ausführlich die folgenden Fragen: **Wie** (lief das ab, worüber berichtet wird)? **Warum** (geschah das, worüber berichtet wird)?
> - Im **Schlussteil** werden entweder die **Folgen** (des Ereignisses) beschrieben oder ein **Ausblick** gegeben.
> - Die **Überschrift** soll **knapp** und **informativ** sein.

1 Welche der Überschriften scheint dir besonders geeignet? Kreuze an.

☐ Talente gefunden!   ☐ Tosender Beifall bei spannender Talentshow in Lessing-Schule

☐ Talentwettbewerb an Lessing-Schule   ☐ Schule sammelt für Kinderhospiz

2 Schreibe einen Bericht über den Talentwettbewerb. Schreibe sachlich und knapp.

   a) Verfasse die Einleitung. Beachte, welche Informationen in diesen Teil gehören.

_____

_____

_____

über zwanzig Vorführungen

abwechslungsreiches Programm

begeisterte Zuschauer

viel Beifall für Trommelgruppe: erster Preis

andere Preise für junge Künstler

500 Euro Einnahmen für ein Kinderhospiz

   b) Verfasse den Hauptteil. Nutze dazu die Wortgruppen aus der Randspalte. Schreibe in dein Heft.

   c) Berichte im Schlussteil über die Folgen des Talentwettbewerbs. Gib einen Ausblick auf das nächste Jahr. Schreibe in dein Heft.

3 a) Während der Show ist auf der Bühne ein kleiner Unfall passiert. Betrachte die Bilder und nummeriere sie in der richtigen Reihenfolge.

b) Verfasse zu jedem Bild einen Satz, der beschreibt, was passiert ist.

1. *Moritz B. hatte auf der Bühne seinen Auftritt mit dem Diabolo.*
2. *Moritz B. warf das* _____
3. *Das Diabolo fiel* _____
4. *Die Brille* _____

4 Die Schule muss den Unfall an die Versicherung melden.
Fülle die Felder des Formulars aus.

Unfallbericht

1	Name, Vorname/Institution	Lessing-Schule Mitgliedsnummer 17649.9806543
2	Name(n), Vorname(n), Anschrift der verletzten Person(en)	Amber, Mattis Grasweg 12 44135 Dortmund
3	Wann ereignete sich der Unfall?	Datum: Uhrzeit: 15:00 Uhr
4	Wo ereignete sich der Unfall?	
5	Bei welcher Tätigkeit ereignete sich der Unfall?	
6	Name(n), Vorname(n), Anschrift von Zeugen	Müller, Anita Bergweg 1 44536 Lünen
7	Welche Verletzungen oder Beschädigungen sind durch den Unfall eingetreten?	
8	Unfallschilderung (ggf. mit Skizze, bitte auf gesondertem Blatt ergänzen)	
9	Ort, Datum, Unterschriften	

TIPP
Schreibe den Bericht im Präteritum.

Talentwettbewerb

Auftritt

Artist warf Diabolo hoch

Diabolo fiel ins Publikum

ein Mann wurde getroffen

Brille des Mannes zerbrach

Teste dich selbst!

Einen Bericht verfassen

1 Lies die Notizen über die Verleihung eines Preises an eine Schule. Für die Schulhomepage soll ein Bericht darüber entstehen, wann und warum der Preis vergeben wurde.

Wer?	Preisverleiher: Dortmunder Schulförderverein e. V.
	Preisverleihung: „Goldmedaille für Schulengagement", Preisgeld: 500,– € an das Projekt „Schüler helfen Schülern"
	am 3. Mai, Festakt in der Aula der Ludwig-Schule
	Würdigung der Tutoren* und Übergabe des Preises an die betreuende Lehrkraft, musikalischer Beitrag des Schulorchesters, Kaffee und Kuchen
	Idee: Ältere unterstützen Jüngere beim Lernen, indem sie eine Freistunde pro Woche für Nachhilfe „opfern" Nachhilfe in den Fächern: Mathe, Deutsch, Englisch teilnehmende Tutoren: 21 Schülerinnen und Schüler der 9. und 10. Klassen der Ludwig-Schule in Dortmund
	nächstes Schuljahr: noch mehr Schüler machen mit, benachbarte Schulen folgen dem Beispiel

der Tutor, die Tutorin: Helfer, Ratgeber, Lehrer

/ 5   **a)** Schreibe in die linke Spalte, auf welche W-Fragen die Notizen eine Antwort geben.

/ 4   **b)** Kreuze an, welche Überschrift passend ist.

☐ Kuchen für alle   ☐ Schöner Abend in Ludwig-Schule

☐ Medaille für Tutoren   ☐ Goldmedaille für Schulengagement

/ 9   **2** Verfasse einen Bericht über das Ereignis, indem du die Notizen verknüpfst. Die Farben im Bericht zeigen dir, welche Informationen in die Einleitung, in den Hauptteil und in den Schluss gehören. Schreibe hier die Einleitung. Hauptteil und Schluss schreibe in dein Heft.

Gesamt: / 18

Eine Argumentationskette entwickeln

Zu einem Thema Stellung nehmen

Ziel einer Stellungnahme ist es, andere von deiner Meinung zu überzeugen.
- Mit **Argumenten** begründest du deine **Meinung** (These).
- In einer **Argumentationskette** ordnest du die wichtigsten Argumente (Begründungen) in einer sinnvollen Reihenfolge.
- **Beispiele** und **Erklärungen** machen deine Begründungen anschaulich.

1 a) Lies die Zeitungsmeldung.

> **Große Fastfood-Kette eröffnet Filiale in unmittelbarer Nähe von Schulen**
>
> In den kommenden Tagen wird in Berlin die Filiale einer großen Fastfood-Kette eröffnet. Schon gegen die Pläne reagierten viele Anwohner mit heftigen Diskussionen. In Protestschreiben, Leserbriefen und Internetforen protestierten viele erbost gegen die Wahl dieses Standorts. Doch die Besitzer des neuen Restaurants, zu dem auch ein Drive-in gehört, haben bereits für die Eröffnungsparty geschmückt.

b) Was denkst du darüber? Schreibe deine Meinung in einem Satz auf.

_____

_____

2 a) Lies die Meinungsäußerungen einiger Betroffener.

Schüler: Hey, ich bin alt genug, um selbst entscheiden zu können.

    Anwohnerin: Die ganzen Verpackungen verdrecken unseren schönen Stadtbezirk. Die Bemühungen, die Schüler zum umweltbewussten Umgang mit Müll zu erziehen, werden so garantiert scheitern.

Ein Vater: Unsere Kinder werden verführt, das ungesunde Fastfood zu essen!

    Anwohner: Die Leute stehen Schlange in diesen Restaurants, also wollen die meisten die Eröffnung.

Schulleiter: Wir haben gerade eine Kantine eröffnet, wo gesundes und vollwertiges Essen gekocht wird. Wir wollen junge Menschen zu bewusstem Essen anregen. Wenn niemand mehr kommt, müssen wir schließen.

Anwohner: Ich finde es toll. Noch ein Restaurant mehr, das man wählen kann.

Koch: Wir werden vielleicht unseren Arbeitsplatz in der Schulmensa verlieren.

Schülerin: Ich spare Geld, das Essen ist am billigsten und schmeckt super. Salate und Obst gibt es dort neuerdings auch. So ungesund ist das Essen nicht mehr.

b) Unterstreiche die Äußerungen, die sich gegen eine Fastfood-Filiale an diesem Standort wenden, rot und die, in denen die Eröffnung begrüßt wird, grün.

Schriftlich Stellung nehmen

> **INFO**
> Mit **Argumenten** begründest du deine Meinung. In einer **Stoffsammlung** ordnest du Pro- und Kontra-Argumente zu einem Thema.

3 a) Lege eine Stoffsammlung zu diesem Thema an. Ordne dazu die Pro- und Kontra-Argumente von der vorherigen Seite in die Tabelle ein.
Verkürze jedes Argument auf wenige Stichwörter, z. B.:

Anwohner: Ich finde es toll. Noch ein Restaurant mehr, das man wählen kann.
- größere Auswahlmöglichkeiten an Restaurants

Ein Vater: Unsere Kinder werden verführt, das ungesunde Fastfood zu essen!
- Kinder werden zu ungesundem Fastfood verführt

Pro: Ich bin für die Eröffnung.	Kontra: Ich bin gegen die Eröffnung.
größere Auswahlmöglichkeiten an Restaurants	Kinder werden zu ungesundem Fastfood verführt

> **INFO**
> Eine **Meinung** (These) äußern:
> *Ich bin für ...*
> *Ich bin gegen ...*
> *Ich befürworte ...*
> *Ich halte es für falsch, dass ...*

b) Welche Argumente findest du überzeugender, die der Pro- oder die der Kontra-Seite? Schreibe deine Meinung (These) in einem Satz auf.

_____
_____

4 a) Stütze deine Meinung mit Argumenten. Prüfe daraufhin die Argumente in der Tabelle. Unterstreiche das Argument, das du am wichtigsten findest.

b) Entwickle eine Argumentationskette. Nummeriere alle Argumente nach ihrer Wichtigkeit. Die 1 steht für das schwächste Argument.

> **INFO**
> **Argumente** einleiten:
> *weil ...*
> *da ...*
> *denn ...*

c) Begründe deine Meinung mit Hilfe der drei wichtigsten Argumente, z. B.:

Ich bin gegen/für die Eröffnung des Restaurants,

1. *weil* _____

2. _____

3. _____

5 Beispiele und Erklärungen veranschaulichen deine Argumente.
Deine Meinung wird so für andere überzeugender.

a) Suche für jedes der Argumente das passende Beispiel und verbinde beide.

| Die meisten Menschen wollen ein solches Restaurant. |

| Das Müllaufkommen wird stark ansteigen. |

| Durch den Drive-in steigt das Unfallrisiko für unsere Kinder. |

| Das Essen dort ist am billigsten. |

| Die Fastfood-Kette arbeitet nur mit Wegwerfverpackungen. Jeder Mülleimer im Umkreis dieser Restaurants quillt über und Müll und Essenreste liegen herum. |

| In unserem Viertel fahren jetzt nur wenige Autos. Die Kinder spielen viel auf der Straße, fahren Fahrrad und Rollschuh. |

| In jedem dieser Restaurants stehen die Leute Schlange. Das Essen ist einfach sehr beliebt. |

| Das preiswerteste Essen ist immer noch billiger als ein Essen in der Kantine, und Schüler haben nun mal nicht viel Geld. |

b) Suche für deine Argumente aus Aufgabe 4 c) geeignete Beispiele oder Erklärungen und schreibe sie in Stichwörtern auf.

1. _____

2. _____

3. _____

Schriftlich Stellung nehmen

Den Hauptteil schreiben

Den Hauptteil schreiben
Im Hauptteil deiner Stellungnahme nennst du deine **These** und stellst deine **Argumente** mit Beispielen und Erklärungen vor. **Verbinde** die Argumente sinnvoll miteinander.

1 Lies die Stellungnahme eines Schülers und achte auf den Aufbau.

Ich bin eindeutig für die Eröffnung des Restaurants.
Jeder sollte das Recht haben, selbst zu entscheiden, was er essen möchte und wo. Manchmal schmeckt mir eben das angebotene Kantinenessen nicht. Warum sollte ich gezwungen werden, es
5 trotzdem zu essen?
Außerdem ist das Essen in diesen Fastfood-Restaurants nicht mehr so ungesund, wie es einmal war. Man kann Salate essen und Obst zum Nachtisch. Und das Fleisch kommt zu fast 100% aus Deutschland.
10 Ein weiteres Argument spielt für mich eine große Rolle: Das Essen in diesen Ketten ist billig, schmeckt gut und man muss nie warten. Gerade Schüler haben wenig Zeit in ihrer kurzen Mittagspause. Ich zum Beispiel habe nur 25 Min. Zeit. Gehe ich in die Schulkantine, stehe ich fast 15 Min. in der Warteschlange.

Aufbau des Hauptteils

→ *These (Z. 1)*

→ *Argument 1 (Z. 2 –*

a) Ordne zu. Schreibe in die Randspalte: These, Argument 1, Argument 2, Argument 3. Ergänze die jeweils passenden Zeilenangaben. Die Markierungen im Text helfen dir dabei.

b) Unterstreiche die Beispiele/Erklärungen zu jedem Argument.

c) Umkreise die beiden Überleitungen von einem Argument zum nächsten.

2 Schreibe den Hauptteil deiner Stellungnahme. Nutze deine Ergebnisse aus den Aufgaben 4 und 5 von Seite 16 f. Achte auf geeignete Überleitungen.

zudem/außerdem

Darüber hinaus sollte man bedenken, dass …

Hinzu kommt, dass …

Zu bedenken ist, dass …

Ein weiteres Argument spielt für mich eine große Rolle: …

Nicht zuletzt …

Schriftlich Stellung nehmen

Einleitung und Schluss schreiben

> **Einleitung und Schluss schreiben**
>
> Die **Einleitung** soll **zum Thema hinführen** und **Interesse wecken**.
> Schreibe **neutral** und nenne weder Meinung noch Argumente. Wähle aus:
> - Du beschreibst ein aktuelles Ereignis.
> - Du gehst von einem eigenen Erlebnis aus.
> - Du erklärst einen Begriff im Zusammenhang mit dem Thema.
>
> Im **Schlussteil** ziehst du ein Fazit: Wiederhole **deine Meinung** und das **wichtigste Argument**. Gib abschließend einen **Ausblick** in die Zukunft.

1 a) Lies den folgenden Anfang einer Einleitung. Welche Art der Einleitung wird in dem folgenden Beispiel genutzt? Kreuze an.

☐ aktuelles Ereignis ☐ eigenes Erlebnis ☐ Begriffserklärung

Der Ausdruck „Fastfood" ist aus dem Englischen entlehnt und bedeutet „Schnelles Essen": Der Kunde soll sein Essen so schnell wie möglich erhalten. Es handelt sich daher meist um Fertiggerichte. Fastfood kann schnell und meist mit den Fingern gegessen werden. In Berlin soll nun in unmittelbarer Nähe einer Schule …

b) Übe das Schreiben einer Einleitung: Schreibe jeweils ein Beispiel zum Thema „Fastfood vor Schule?" zu den Möglichkeiten, die du nicht angekreuzt hast.

A. _____

_____

_____

_____

B. _____

_____

_____

_____

2 Verfasse einen Schluss. Beachte die drei Punkte, die er beinhalten sollte.

_____

_____

_____

_____

INFO

aktuelles Ereignis:
Bericht in der Presse
Fernsehsendung
Link im Internet

eigenes Erlebnis:
in der Schule
im Freundeskreis
im Nachbarort

TIPP

Leite am Ende der Einleitung zum Hauptteil über, indem du die Diskussionsfrage der Stellungnahme nennst („Ist der Bau eines Fastfood-Lokals direkt neben einer Schule sinnvoll?")

Schriftlich Stellung nehmen

Teste dich selbst!

Schriftlich Stellung nehmen

1 Deine Klasse hat in einem Wettbewerb 300 € gewonnen. Schnell bilden sich zwei Gruppen: Die eine Gruppe möchte damit Patenschaften für afrikanische Waisenkinder finanzieren, die andere einen Klassenausflug machen.

/ 2

a) Für welchen Vorschlag wärst du? Bilde dir eine Meinung. Formuliere sie in einem Satz.

Ich denke, wir sollten

/ 6

b) Übertrage die Tabelle in dein Heft. Wähle passende Argumente, die deine Meinung stützen, aus dem Kasten. Ordne sie zu und ergänze geeignete Beispiele oder Erklärungen.

Argument	Beispiel/Erklärung
...	...

Waisenkinder auf Hilfe angewiesen

wir als Vorbilder für andere lernen,

abzugeben und zu verzichten

gut für Klassengemeinschaft

Belohnung für Wettbewerb verdient

sonst zu teures Ausflugsziel finanzierbar

/ 3

c) Entwickle eine Argumentationskette. Markiere die drei stärksten Argumente und nummeriere sie nach ihrer Wichtigkeit. Die 1 steht für das schwächste Argument in der Kette.

/ 5

2 Schreibe die Einleitung in dein Heft.
Wiederhole am Ende das Thema deiner Stellungnahme.

/ 6

3 Schreibe den Hauptteil deiner Stellungnahme. Verbinde dabei deine drei Argumente mit ihren Beispielen mit Hilfe sinnvoller Überleitungen. Schreibe in dein Heft.

/ 3

4 Schreibe den Schluss ebenfalls in dein Heft.
Beachte die Punkte, die er enthalten sollte.

Gesamt: / 25

Sachtexte erschließen

> **Sachtexten Informationen entnehmen**
> - Lies die **Überschrift** und betrachte die **Abbildungen**. Stelle Vermutungen zum Inhalt des Textes an.
> - **Lies den Text**. Überprüfe deine Vermutungen und benenne das Thema.
> - Kläre **unbekannte Wörter**.
> - Gliedere den Text in **Abschnitte** und gib jedem eine Überschrift.
> - Stelle **W-Fragen** an den Text und beantworte sie.

1 a) Lies die Überschrift und betrachte das Bild. Stelle Vermutungen an, worum es in dem Text gehen könnte.

b) Überfliege den Text, überprüfe deine Vermutungen und benenne das Thema des Textes. Schreibe in dein Heft.

Die Reise der Kartoffel

Die Heimat der Kartoffeln sind die <mark>Anden</mark>. Sie stammen wahrscheinlich aus der Gegend, die dem heutigen Peru und Bolivien entspricht. Dort aß man die ersten <mark>Wildpflanzen</mark> bereits im <mark>8. Jahrtausend vor Christus</mark>. Diese Urkartoffeln haben aber
5 nicht besonders gut geschmeckt. Die <mark>Inkas</mark> – die Menschen, die dort lebten – erkannten, dass die Kartoffeln in den Anden mit Höhenlagen von 3000 bis 4000 Metern sehr gut wachsen. Der sonst angebaute Mais wuchs auf dieser Höhe nicht. Deshalb setzte sich die Kartoffel durch und wurde fleißig angebaut. Sie
10 diente nicht nur der Ernährung, sondern hatte auch kulturelle und religiöse Funktionen. So gab es eine eigene <mark>Kartoffelgöttin</mark>.

Anden

Wildpflanzen

8. Jt. v. Chr.

Mitte des <mark>16. Jahrhunderts</mark> kam die Kartoffel über Spanien und England nach <mark>Europa</mark>. 1565 erhielt der spanische König Philipp der Zweite eine Kiste mit indianischen <mark>Produkten aus
15 der Neuen Welt</mark>. Darin waren auch Kartoffelknollen. Der angesehene Arzt und Botaniker C. Clusius pflanzte sie in seinem Garten der Universität Leiden an und vermehrte sie. Die Pflanze blieb fast 200 Jahre lang eine Zier- und Zuchtpflanze, die in den fürstlichen und bischöflichen Gärten beliebt
20 war. Das Nachtschattengewächs Kartoffel blühte im warmen und hellen Europa prächtig, bildete aber nur kleine Knollen. Für adlige Feinschmecker eine seltene Delikatesse, die in Italien „Tartufoli" genannt wurde. Durch Auslese, Anpassung und Einkreuzen weiterer Sorten brachten die Botaniker die
25 Kartoffelknolle zu ansehnlicher Größe.

Friedrich der Zweite von Preußen (1712–1786) erkannte, dass die Kartoffeln helfen konnten, die Ernährung der Bevölkerung sicherzustellen. Damals waren mehrmalige Getreidemissernten und die wachsenden Bevölkerungszahlen ein Problem.

30 Die Menschen waren jedoch zunächst kritisch eingestellt. Wegen der neumodischen Kartoffel sollten sie die jahrhundertealte Dreifelderwirtschaft aufgeben, die Anbaumethoden umstellen, und es fehlte ihnen eine „Gebrauchsanweisung": Welcher Teil der Kartoffelpflanze sollte zubereitet werden und wie?

35 Friedrich der Zweite stellte kostenlos Saatkartoffeln zur Verfügung, die an die Bauern verteilt wurden, und befahl den Anbau der Kartoffel. Außerdem ließ er die Kartoffelfelder von Soldaten bewachen und erreichte mit diesem Trick, dass die Menschen sich für die Kartoffeln interessierten. Wenn sie von den
40 Soldaten des Königs bewacht wurden, mussten Kartoffeln doch etwas Besonderes sein.

2 a) Lies den Text noch einmal genau.

b) Wähle aus den folgenden Überschriften für jeden Abschnitt eine passende aus und schreibe sie auf die Linien darüber.

> Die Kartoffelgöttin   Die Herkunft der Kartoffel
>
> Die Kiste der Indianer   Kartoffelgeschmack
>
> Der Weg der Kartoffel nach Europa   Reise in die Neue Welt
>
> Ein König setzt die Kartoffel durch   Der Kartoffelbefehl
>
> Der schwere Start der Kartoffel in Deutschland

3 a) Markiere Schlüsselwörter farbig.

b) Notiere zu jedem Abschnitt die wichtigsten Informationen an den Rand.

4 Was bedeuten die folgenden Wörter? Kreuze die richtigen Erklärungen an.

Inkas (Zeile 5)

☐ Gegend in den Anden

☐ Menschen, die in den Anden lebten und die Urkartoffel anbauten

religiös (Zeile 11)

☐ gläubig, fromm

☐ überzeugt

adlige Feinschmecker (Zeile 22)

☐ vornehme Menschen, die gutes Essen schätzen

☐ italienische Botaniker

5 Beantworte folgende Fragen in ganzen Sätzen.

A Woher kommt die Kartoffel?

B Wie alt ist die Kartoffel?

C Welche Pflanze hat sie in ihrer Heimat ersetzt?

D Wie kam die Kartoffel nach Europa?

E Warum hatten reiche Leute in Europa die Kartoffel im Garten?

F Warum verhielten sich die Leute in Preußen zunächst kritisch gegenüber der Kartoffel?

G Wer setzte die Kartoffel in Deutschland als Lebensmittel durch? Wie geschah das?

> **TIPP**
> Lies in folgenden Abschnitten nach:
> A–C: Abschnitt 1
> D–E: Abschnitt 2
> F–G: Abschnitt 3

Sachtexte lesen und verstehen

6 Diese beiden Kartoffelprodukte finden sich in jedem Supermarkt und erfreuen sich großer Beliebtheit.

a) Lies die beiden folgenden Textabschnitte.

b) Notiere jeweils eine passende Überschrift auf die Linie.

c) Schreibe zu jedem Textabschnitt W-Fragen in die Randspalte.

d) Unterstreiche die Antworten im Text.

_____

| *Woher kommen Pommes Frites?* | Die beliebten Pommes Frites stammen trotz ihres französischen Namens nicht aus Frankreich, sondern <u>aus Belgien</u>. Einer Erzählung nach sollen sie in einem Jahr mit ausgesprochen schlechtem Fischfang erfunden worden sein. Die Belgier bevorzugen ihren Fisch in reichlich Fett ausgebacken. Da es nun zu einer Zeit sehr wenig Fisch gab, probierten sie, die Beilage – also die Kartoffeln – zu frittieren und erfanden so die Pommes. |

_____

| *Wer erfand Chips?* *Warum ...* | Der Küchenchef <u>George Crum</u> in Saratoga Springs, New York, wurde 1853 gebeten, eine <u>Beilage</u> zu servieren, die <u>dünner</u> als die normalen französischen <u>Bratkartoffeln</u>, die „Pommes allumettes", sein sollte. Er schnitt so dünne Scheiben, dass diese nach dem Frittieren nicht mehr mit der Gabel aufgespießt werden konnten. Das neue Gericht hatte Erfolg und stand bald als „Saratoga Chips" auf der Speisekarte. Innerhalb weniger Jahre entstand eine umfangreiche kommerzielle Produktion und bereits 1870 wurden die Chips in Fabriken produziert. |

7 Stelle die Gemeinsamkeiten dieser beiden Produkte fest, die in den Texten beschrieben werden. Schreibe drei bis vier kurze Sätze.

Kartoffel
Erfindung durch Ausprobieren
in Fett ausgebacken
schnelle Verbreitung

<u>Sowohl Pommes Frites als auch Chips bestehen aus ...</u>

_____
_____
_____
_____
_____
_____

Sachtexte lesen und verstehen

Tabellen erschließen

> **Eine Tabelle erschließen**
> - Stelle fest, worüber die Tabelle informiert. Achte auf die **Überschrift**.
> - Verschaffe dir einen Überblick über das **Thema**: Welche **Informationen** enthalten die **Spalten** und **Zeilen**?
> - **Vergleiche** die Angaben in der Tabelle miteinander.
> - Notiere deine Beobachtungen: Was fällt dir besonders auf?

1 Betrachte die folgende Tabelle. Schreibe das Thema in einem Satz auf.

_____

_____

Kartoffelland Deutschland: Landwirtschaft – Ernte 2008			Mengenangabe in 1000 t	
Land	Getreide	Kartoffeln	Gemüse	Obst
Bayern	8.369	1.934	534	69
Baden-Württemberg	3.985	198	228	387
Berlin	•	•	•	•
Bremen	•	•	•	•
Hamburg	•	•	•	•
Mecklenburg-Vorpommern	4.290	503	39	57
Niedersachsen	7.933	5.257	492	319
Rheinland-Pfalz	1.684	282	522	58
Sachsen	2.846	287	64	103

2 Beantworte folgende Fragen in ganzen Sätzen.

A In welchem der angegebenen Bundesländer wurden 2008 die meisten Kartoffeln geerntet? Wie viele waren es?

TIPP
Vergleiche die Zahlen in der Spalte „Kartoffeln" miteinander.

_____

B Zu den Stadtstaaten Berlin, Bremen und Hamburg wurden keine Angaben gemacht. Woran könnte das liegen?

TIPP
Überlege, wie groß die einzelnen Bundesländer sind.

_____

_____

C In welchen der angegebenen Länder wird mehr anderes Gemüse als Kartoffeln angebaut?

TIPP
Vergleiche die Zahlen in den Spalten „Kartoffeln" und „Gemüse" miteinander.

_____

Teste dich selbst!

Sachtexte und Diagramme erschließen

1 Lies den Text.

Tolle Knolle

Überall auf der Welt sättigt die Kartoffel jeden Tag Millionen von Menschen. Sie ist gesund, genügsam und dankt die Mühe der Landwirte mit großen Erträgen. Über 300 Millionen Tonnen Kartoffeln wurden im Jahr 2006 geerntet, etwas über die Hälfte davon in Entwicklungsländern.
5 Sie ist aber nicht nur Grundnahrungsmittel und Rohstoff für Fertigprodukte wie Chips, Pommes Frites, Kartoffelklöße oder Pudding, sondern auch Stärkelieferant für Industrieprodukte wie Papier, Kunststoffe, Baustoffe, Reinigungsmittel, Waschpulver, Zahnpasta oder Textilien.
2009 wurde die gentechnisch veränderte Industriekartoffel „Amflora"
10 zugelassen, die speziell für die industrielle Verarbeitung entwickelt wurde und nun angebaut wird.
Weltweit gibt es über 4000 verschiedene Kartoffelsorten, die entweder als Speise- oder als Stärke-/Industriekartoffel angebaut werden und auf jedem noch so kargen Boden gedeihen.

/ 4   **2** Kläre die Wortbedeutung und kreuze an.

sättigt	☐ macht satt	☐ macht mehr als satt
genügsam	☐ kalorienarm	☐ anspruchslos
Textilien	☐ Schriftstücke	☐ Stoffe
karg	☐ rau	☐ nährstoffarm

/ 3   **3** Markiere in jedem Abschnitt ein bis zwei passende Stichwörter.

/ 3   **4** Im zweiten Abschnitt werden drei unterschiedliche Verwendungszwecke der Kartoffel genannt. Notiere sie.

1. *Grundnahrungsmittel* _____

2. _____

3. _____

/ 4   **5** Erkläre in kurzen Sätzen, was „Amflora" ist und was sie von anderen Kartoffeln unterscheidet.

_____

_____

6 a) Macht die Kartoffel dick? Beantworte die Frage mit Hilfe des Diagramms zum Nährstoffgehalt der Kartoffel. Begründe deine Antwort. Schreibe drei bis vier kurze Sätze auf.

/ 4

_____

_____

_____

_____

Das Diagramm zeigt, dass ...

Die Kartoffel besteht aus ...

Die Inhaltsstoffe sind ...

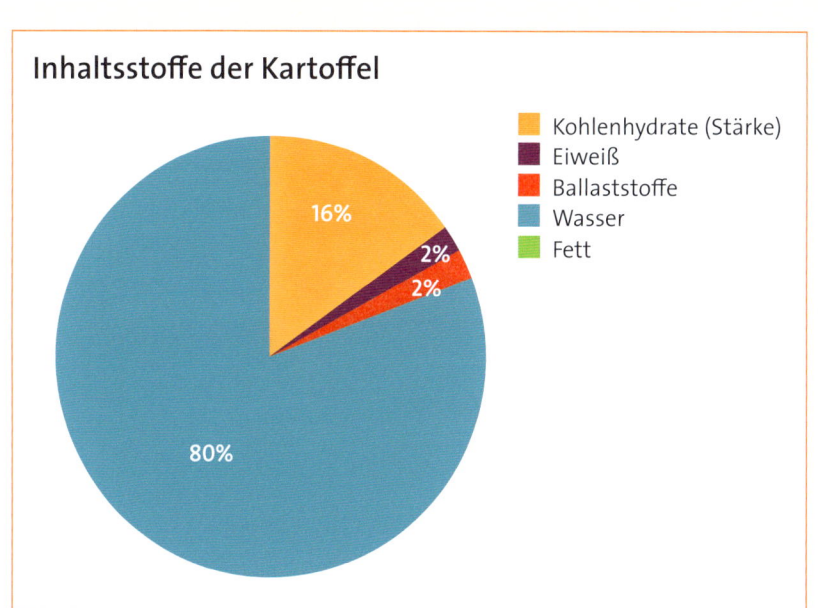

b) Vergleiche im folgenden Schaubild die verschiedenen Zubereitungsarten. Was hat mehr Fett: Rösti oder Bratkartoffeln? Kreuze an.

/ 2

☐ Rösti

☐ Bratkartoffeln

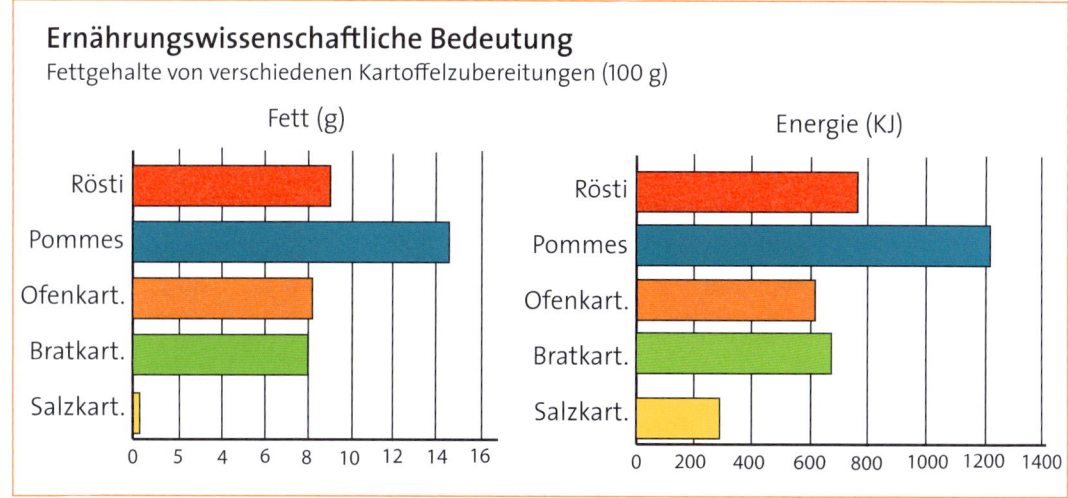

Gesamt:

/ 20

Eine Ballade verstehen

> **Die Merkmale einer Ballade**
> - Eine Ballade erzählt eine Geschichte über ein **spannendes** oder **ungewöhnliches Ereignis**.
> - Im Mittelpunkt steht häufig eine **Figur, die eine Situation meistern muss**.
> - Balladen enthalten oft **wörtliche Rede**.
> - Sie sind meist **gereimt** und in **Strophen** gegliedert.

1 Lies die Ballade und überprüfe die Merkmale. Kreuze an, wenn sie vorhanden sind.

☐ Figur muss Situation meistern ☐ ungewöhnliches Ereignis

☐ wörtliche Rede ☐ Verse und Strophen

Johann Wolfgang Goethe

Erlkönig

Wer reitet so spät durch Nacht und Wind?
Es ist der Vater mit seinem Kind;
Er hat den Knaben wohl in dem Arm,
Er fasst ihn sicher, er hält ihn warm.

5 „Mein Sohn, was birgst* du so bang dein Gesicht?"
„Siehst, Vater, du den Erlkönig nicht?
Den Erlenkönig mit Kron' und Schweif*?"
„Mein Sohn, es ist ein Nebelstreif."

„Du liebes Kind, komm, geh mit mir!
10 Gar schöne Spiele spiel ich mit dir;
Manch bunte Blumen sind an dem Strand,
Meine Mutter hat manch gülden Gewand."

„Mein Vater, mein Vater, und hörest du nicht,
Was Erlenkönig mir leise verspricht?"
15 „Sei ruhig, bleibe ruhig, mein Kind;
In dürren Blättern säuselt der Wind."

„Willst feiner Knabe, du mit mir gehen?
Meine Töchter sollen dich warten* schön;
Meine Töchter führen den nächtlichen Reihn*
20 Und wiegen und tanzen und singen dich ein."

birgst: versteckst

Schweif: Schleppe an einem Umhang

warten: erwarten, als Gast begrüßen und verwöhnen

führen den nächtlichen Reihn: tanzen in der Nacht

„Mein Vater, mein Vater, und siehst du nicht dort
Erlkönigs Töchter am düstern* Ort?"
„Mein Sohn, mein Sohn, ich seh es genau:
Es scheinen die alten Weiden so grau."

25 „Ich liebe dich, mich reizt deine schöne Gestalt;
Und bist du nicht willig*, so brauch ich Gewalt."
„Mein Vater, mein Vater, jetzt fasst er mich an!
Erlkönig hat mir ein Leids getan*!"

Dem Vater grauset's, er reitet geschwind*,
30 Er hält in den Armen das ächzende* Kind,
Erreicht den Hof mit Müh und Not;
In seinen Armen das Kind war tot.

düstern: dunkel, unheimlich

willig: freiwillig etwas tun

ein Leids getan: hat mich verletzt, mir wehgetan
geschwind: schnell
ächzend: stöhnend, seufzend

2 In der Ballade werden Wörter aus früherer Zeit verwendet. Entscheide, welche Worterklärung stimmt. Kreuze an.

bang (Zeile 5)	☐ ängstlich	☐ lang
gülden Gewand (Zeile 12)	☐ altes Haus	☐ goldenes Kleid
feiner Knabe (Zeile 17)	☐ junger Mann	☐ zarter, kleiner Junge
Gestalt (Zeile 25)	☐ Körper	☐ Kunstwerk

TIPP
Überprüfe die Bedeutung der Wörter mit einem Wörterbuch.

3 Ordne die Überschriften den Strophen zu, indem du sie von 1 bis 8 nummerierst.

☐ Erlkönig droht mit Gewalt

☐ Vater spürt Angst des Sohnes

☐ Vater erreicht mit dem toten Kind das Zuhause

☐ Erlkönig lockt mit Schönheit und Tanz

☐ Vater beruhigt den Sohn

☐ Erlkönig lockt mit Spiel und Reichtum

☐ Vater und Sohn reiten nach Hause

☐ Angst des Sohnes steigt

Die Sprache einer Ballade untersuchen

> **! Sprachliche Bilder**
>
> In Gedichten werden oft **sprachliche Bilder** verwendet. Dabei werden Dinge miteinander **verglichen**. Auf diese Weise kann man sich die beschriebenen Dinge besonders gut vorstellen.

INFO
Reimformen:
Paarreim: aabb
Kreuzreim: abab

1 Untersuche den Aufbau der Ballade und bestimme die Reimform.

Anzahl der Strophen: _____   Anzahl der Verse pro Strophe: _____

Reimform: _____

2 Was erfährst du über Ort und Zeit des Geschehens? Unterstreiche die Hinweise im Text und fasse das Ergebnis in wenigen kurzen Sätzen zusammen.

_____

_____

3 a) Der Sohn hat eine fantasievolle Wahrnehmung. Der Vater sucht nach sachlichen Erklärungen für das, was der Sohn sieht und hört.
Stelle die unterschiedlichen Wahrnehmungen gegenüber.

Sohn	Wahrnehmung	Vater
Siehst ... du den Erlkönig nicht?	Sehen	... es ist ein Nebelstreif.
	Hören	
	Sehen	

b) Welches Ziel verfolgt der Vater mit seinen Erklärungen? Hat er Erfolg?

_____

_____

Literarische Texte lesen

Teste dich selbst!

Merkmale einer Ballade untersuchen

Ludwig Uhland
Die Rache

Der Knecht hat erstochen den edeln Herrn,
Der Knecht wär selber ein Ritter gern.

Er hat ihn erstochen im dunkeln Hain
Und den Leib versenket im tiefen Rhein.

5 Hat angeleget die Rüstung blank,
Auf des Herren Ross sich geschwungen frank.

Und als er sprengen will über die Brück,
da stutzet das Ross und bäumt sich zurück.

Und als er die güldnen Sporen ihm gab,
10 da schleudert's ihn wild in den Strom hinab.

Mit Arm, mit Fuß, er rudert und ringt
Der schwere Panzer ihn niederzwingt.

1 Kreuze die jeweils richtige Worterklärung an. /6

Hain	☐ Straße	☐ kleiner Wald
Leib	☐ Körper	☐ ein ganzes Brot
Ross	☐ Pferd	☐ Rose im Wappen
frank	☐ offen, freimütig	☐ sportlich
sprengen	☐ die Brücke mit Dynamit sprengen	☐ reiten
Strom	☐ Starkstrom	☐ der Rhein

2 Erkläre den Titel und schreibe eine passende Lehre auf. Schreibe in dein Heft. /4

3 Kreuze die richtige Reimform an.   ☐ aabb   ☐ abab   /1

4 Überprüfe, welche Merkmale einer Ballade auf den Text zutreffen, und welche nicht. Notiere deine Antwort in Stichwörtern. /3

Gesamt: /14

Nomen und Pronomen verwenden

TIPP

Das hilft dir, Wortarten zu unterscheiden:
Nomen bezeichnen Lebewesen, Gegenstände, Zustände, Gefühle.
Verben geben an, was jemand tut oder was geschieht.
Adjektive beschreiben Eigenschaften und Merkmale von Nomen genauer.
Pronomen ersetzen oder begleiten Nomen.
Präpositionen geben das Verhältnis zwischen Gegenständen und/oder Personen an.

> ### Personal-, Possessiv- und Demonstrativpronomen verwenden
>
> **Pronomen** sind Begleiter oder Stellvertreter anderer Wörter.
> - **Personalpronomen** (persönliche Fürwörter) können Nomen ersetzen, z. B.:
>   *ich/mir/mich, du/dir/dich*
> - **Possessivpronomen** (besitzanzeigende Fürwörter) geben an, wem etwas gehört, z. B.:
>   *mein/meine, dein/deine, sein/seine, ihr/ihre, unser/unsere, euer/eure, ihr/ihre*
> - **Demonstrativpronomen** (hinweisende Fürwörter) weisen auf etwas hin und werden besonders betont, z. B.:
>   *der/die/das, dieser/diese/dieses, jener/jene/jenes, dasjenige, der (da)*

1 Unterstreiche im folgenden Text alle Personalpronomen rot und alle Possessivpronomen grün.

Heute haben wir Glück gehabt

An der Willy-Hellpach-Schule in Heidelberg haben Schülerinnen und Schüler ein neues Fach in ihrem Stundenplan stehen: Glück. Es heißt eigentlich „Lebenskompetenz", aber im Unterricht dreht sich alles um die Frage, wie man in seinem Alltag ein glücklicher und ausgeglichener Mensch werden kann. Um ihrem Glück auf die Sprünge zu helfen, spielen die Schülerinnen und Schüler gemeinsam Theater und ein Motivationstrainer vermittelt ihnen, wie sie positives Denken lernen können. Wer sein Glück prüfen will, kann das Fach auch für das Abitur wählen. Hier gibt es fürs Glück tatsächlich gute und schlechte Noten.

INFO

Demonstrativpronomen können für genauere Angaben zu einem Nomen verwendet werden. Die Wiederholung des Nomes kann dabei vermieden werden, z. B.:
Ich habe zwei neue Jeans. Diese gefällt mir am besten.

2 Ersetze in den folgenden Aussagen zum Text die markierten Wortgruppen durch ein Demonstrativpronomen und ergänze einen passenden Satz.

An der Schule gibt es <mark>das neue Fach Glück</mark>. *Das* _____

_____

Eigentlich heißt <mark>das neue Fach Lebenskompetenz</mark>. _____

_____

Die Schülerinnen und Schüler haben auch einen <mark>Motivationstrainer</mark>. _____

_____

Glück kann als <mark>Abiturprüfungsfach</mark> gewählt werden. In _____

_____

Adjektive verwenden

Die Funktion von Adjektiven erkennen

Adjektive beschreiben Eigenschaften und Merkmale von Nomen genauer.
- Adjektive können einem Nomen als Begleiter vorangestellt sein, dann sind sie Attribute (Attribut = Beifügung), z.B.:
der lustige Film, das fröhliche Mädchen

INFO

Die meisten Adjektive kann man steigern. Die Grundform des Adjektivs ist der **Positiv**, z.B.: *Das Kleid ist schön.* Der **Komparativ** ist die Vergleichsform, z.B.: *Dieses Kleid ist schöner als das andere.* Die zweite Form der Steigerung ist der **Superlativ**, z.B.: *Das Kleid ist am schönsten.*

1 a) Lies den Text. Welches Gefühl wird hier umschrieben? Kreuze an.

☐ das Glück ☐ die Sehnsucht ☐ die Freude

Wer bin ich?

Ich bin launisch und unbeständig,
unberechenbar und flüchtig,
zerbrechlich wie Glas,
liege manchmal auf der Straße
und bin niemals lästig.

b) Unterstreiche im Text alle Adjektive.

2 Mit den Adjektiven aus dem Text kannst du folgende Nomen näher bestimmen.

a) Ergänze das passende Adjektiv in der richtigen Form.

eine *zerbrechliche* Eisschicht   eine _____ Begrüßung

ein _____ Wetter   eine _____ Freundin

ein _____ Risiko   eine _____ Fliege

TIPP

Wenn du dir nicht sicher bist, ob ein Wort ein Adjektiv ist, dann prüfe, ob es steigerbar ist.

b) Steigere eines der Adjektive und schreibe die Formen in dein Heft.

3 Ergänze in der Tabelle die fehlenden Formen der Adjektive.

Positiv	Komparativ	Superlativ
schwierig		
		am kleinsten
	besser	

4 Ordne den Gefühlen passende Adjektive aus der Randspalte zu.

die Angst: _____

die Liebe: _____

schrecklich
endlos
unangenehm
furchtbar
gemein
wunderbar
bedingungslos
tief

Mit Verben Zeitformen bilden

> **Die Zeitformen des Verbs**
>
> Mit den Zeitformen des Verbs kann man ausdrücken, wann eine Handlung geschieht:
> - in der **Gegenwart** (**Präsens**: *ich schreibe*),
> - in der **Vergangenheit** (**Präteritum**: *ich schrieb*, **Perfekt**: *ich habe geschrieben*, **Plusquamperfekt**: *ich hatte geschrieben*),
> - in der **Zukunft** (**Futur**: *ich werde schreiben*).

INFO
Das *Präsens* drückt aus, was gerade geschieht oder was immer geschieht bzw. gültig ist. Zusammen mit einer Zeitangabe können damit auch Aussagen über die Zukunft gemacht werden.
Das *Präteritum* drückt aus, was in der Vergangenheit geschehen ist. Es wird häufig beim schriftlichen Erzählen verwendet.

TIPP
Signalwörter sind z. B.:
früher, heute, vor zwanzig Jahren, immer.

Dämon:
böser Geist

1 a) Unterstreiche im folgenden Text alle Signalwörter, die anzeigen, dass ein Ereignis in der Gegenwart stattfindet oder in der Vergangenheit passierte.

b) Schreibe die Verben in der richtigen Zeitform in die Lücken.

Süße Überraschung

In chinesischen Restaurants _____ (bekommen) man als Gast fast immer einen Glückskeks, der eine Botschaft auf einem Zettel _____ (enthalten). Ob es sich bei dem Gebäck um einen echten chinesischen Glücksbringer _____ (handeln), _____ (sein) allerdings bis heute ungewiss. Nach einer alten Legende _____ (verstecken) Widerstandskämpfer im 13. Jahrhundert ihre geheimen Botschaften in Kuchen. Heute _____ (wissen) man immerhin, dass ein Japaner in Amerika 1909 die Idee _____ (aufgreifen) und Kekse mit Glücksprüchen _____ (verteilen). Im heutigen China _____ (stecken) viele Chinesen Botschaften oder Geldscheine in rote Tütchen und _____ (verschenken) diese. Einer alten Geschichte zufolge _____ (vertreiben) man vor langer Zeit den Dämon* Nian durch rote Farbe, Lärm und Laternen.

2 Bestimme in den folgenden Sätzen die Zeitformen der markierten Verben.

Früher **glaubten** die Menschen an übernatürliche Kräfte.	
Heutzutage **gibt** es diesen Glauben nur noch vereinzelt.	
Vorher **hatten sich** die Menschen z. B. vor schwarzen Katzen **gefürchtet**.	
Glücksbringer **spielen** auch noch heute eine wichtige Rolle.	

Nachdenken über Sprache: Wortarten

Aktiv und Passiv verwenden

Aktiv und Passiv unterscheiden

- In Sätzen, in denen das Subjekt etwas tut, steht das Prädikat im **Aktiv**. Der **Täter**/Die **handelnde Person** wird betont, z. B.:
*Der Koch **verrührt** den Teig.*
- Sätze, in denen das Subjekt (der „Täter") verschwiegen wird, stehen im **Passiv**. Dieses wird mit *werden* + Partizip II des Verbs gebildet. Der **Vorgang**/Die **Handlung** steht im Vordergrund, z. B.:
*Der Teig **wird verrührt**.*

Rezept für Glückskekse

1. Man mischt Mehl, Öl, Zucker und Eier in einer Rührschüssel.

2. Man füllt den Teig in runde Backformen.

3. Man backt die Kekse in einem Spezialofen.

4. Man legt in die noch weichen Kekse einen Zettel mit einem Glücksspruch.

5. Man faltet den Keks in der Mitte zusammen und formt dann einen Halbmond.

6. Man trocknet die Kekse an der Luft in einer speziellen Halterung.

1 Beschreibe die Herstellung von Glückskeksen mit Hilfe von Passivsätzen. Schreibe in dein Heft. So kannst du beginnen:

Am Anfang werden Mehl, Öl, Zucker und Eier in einer Rührschüssel gemischt. Anschließend ...

TIPP

Diese Wörter helfen dir, die Beschreibung des Rezepts zu gliedern:
*zu Beginn/
am Anfang
dann
danach
anschließend
am Ende/
zum Schluss/
schließlich.*

2 Lies die Sätze. Wer könnte hier was tun?
Setze die Sätze ins Aktiv, indem du mögliche Subjekte einfügst.

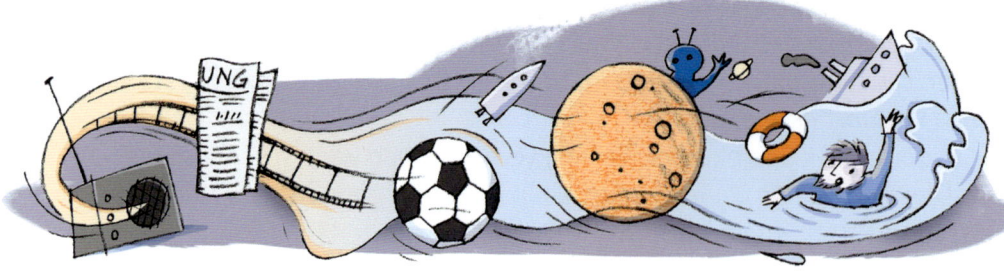

Ein Glückstag!

Das Lieblingslied wird gespielt.

Das Radio spielt

Die Zeitung wird pünktlich geliefert.

_____

Der Lieblingsfilm wird gezeigt.

_____

Das Finale wird gewonnen.

_____

Leben auf dem Mars wird entdeckt.

_____

Ein Schiffbrüchiger wird gerettet.

_____

Das Geheimnis von Loch Ness wird gelüftet.

_____

Der höchste Gipfel wird erreicht.

_____

Der Mathematikwettbewerb wird gewonnen.

_____

> **TIPP**
> Diese Subjekte kannst du für die Sätze im Aktiv verwenden:
> *der Ozeandampfer*
> *der Zeitungsbote*
> *die Physiker*
> *das Radio*
> *die Schüler*
> *die Wissenschaftler*
> *das Kino*
> *die Bergsteiger*
> *die Lieblingsmannschaft.*

Teste dich selbst!
Wortarten/Aktiv und Passiv verwenden

1 Suche für jede Wortart drei passende Beispiele aus dem Text. /9
Trage sie richtig in die Tabelle ein und beachte die Groß- und Kleinschreibung.
Notiere Nomen mit ihrem Artikel.

PECH ODER GLÜCK?

FÜR VIELE GILT FREITAG, DER 13. ALS SCHLIMMER UNGLÜCKSTAG. ABER DAS IST NUR EIN ALTER ABERGLAUBE: AN EINEM FREITAG, DEM 13. GIBT ES NICHT MEHR UNGLÜCKSFÄLLE ALS AN ANDEREN TAGEN. UND DIE LOTTOGESELLSCHAFTEN HABEN UMSO MEHR FREUDE: IHR UMSATZ STEIGT, WEIL VIELE LEUTE MEINEN, AUSGERECHNET DIESER TAG BRINGE IHNEN GROSSES GLÜCK. KEIN WUNDER, DENN BEI DER ERSTEN ZIEHUNG IN DEUTSCHLAND IM JAHR 1955 ZEIGTE DIE ERSTE KUGEL EINE 13.

Nomen	Adjektive	Verben

Artikel	Pronomen	Präpositionen

2 Aktiv oder Passiv? Bestimme die folgenden Sätze und kreuze an. /8

	Aktiv	Passiv
Viele Menschen suchen das große Glück.		
Das Glücksgefühl wird durch Lachen gefördert.		
Auch das Denkvermögen wird dadurch angekurbelt.		
Glücksforscher untersuchen die Wirkung des Lachens.		
Das große Glück wird von vielen Menschen gesucht.		
Die Wirkung des Lachens wird erforscht.		
Ausgiebiges Lachen fördert das Glücksgefühl.		
Häufiges Lachen kurbelt das Denkvermögen an.		

Gesamt: /17

Satzglieder bestimmen

Satzglieder bestimmen
- Die Satzglieder kann man erfragen:
  Subjekt: *Wer? Was?*
  Prädikat: *Was geschieht? Was tut jemand?*
  Dativ-Objekt: *Wem?*
  Akkusativ-Objekt: *Wen? Was?*
- Mit der **Umstellprobe** kann man feststellen, aus welchen festen Bausteinen ein Satz besteht. Wörter und Wortgruppen, die immer zusammenbleiben, nennt man **Satzglieder**.

1 a) Lies den Text.

Durch die Hitze des Tages	Fragewort und Satzglied
Schlangen in der Wüste sind grundsätzlich keine Seltenheit. Aber nur einmal im Jahr windet sich ein ganz besonderes Exemplar durch die marokkanische Sahara: Seit 1986 wollen Extremsportler aus aller Welt beim „Marathon des Sables"* den Sieg erringen. Die Sportler müssen innerhalb von sieben Tagen bei Temperaturen von bis zu 40 Grad sechs Etappen absolvieren. Hierbei müssen sie Tages-Teilstücke zwischen 20 und 40 km Länge meistern. Verpflegung und ihre gesamte Ausrüstung müssen die Sportler mit sich tragen. Ihnen werden lediglich Wasser und ein Zelt zur Verfügung gestellt.	_____ (_____) _____ (_____) _____ (_____) _____ (_____) _____ (_____) _____ (_____) _____ (_____) _____ (_____)

Marathon des Sables: Marathon durch den Sand

b) Welches Fragewort hilft dir jeweils, die unterstrichenen Satzglieder zu ermitteln? Schreibe es neben den Text und notiere in Klammern, um welches Satzglied es sich handelt.

2 a) Unterstreiche im folgenden Satz alle Satzglieder mit unterschiedlichen Farben.

Der Wüstenmarathon bedeutet vielen Sportlern alles.

b) Stelle die Satzglieder so um, dass ein weiterer sinnvoller Satz entsteht.

_____

_____

Adverbiale Bestimmungen verwenden

> **Adverbiale Bestimmungen**
> Adverbiale Bestimmungen sind Satzglieder, mit denen man nähere Angaben zu einem Geschehen machen kann:
> - zum **Ort** (z.B. *in der Luft*) – Wo? Wohin? Woher?
> - zur **Zeit** (z.B. *im Oktober*) – Wann? Wie lange? Wie oft?
> - zur **Art und Weise** (z.B. *mit viel Mut*) – Wie? Womit?
> - zum **Grund** (z.B. *wegen des starken Windes*) – Warum? Wozu?

TIPP
Zur Ermittlung der **adverbialen Bestimmungen** kannst du die einzelnen Satzglieder befragen. Diese ermittelst du mit Hilfe der Umstellprobe. Wörter oder Wortgruppen, die immer zusammenbleiben, nennt man **Satzglieder**.

TIPP
Die Fragewörter am Ende jedes Satzes helfen dir dabei.

1 a) Im folgenden Text sind alle adverbialen Bestimmungen markiert. Finde mit Hilfe der Fragewörter heraus, um welche es sich handelt.

b) Unterstreiche sie in verschiedenen Farben: rot: adverbiale Bestimmung zum Ort, blau: adverbiale Bestimmung zur Zeit, grün: adverbiale Bestimmung zur Art und Weise, gelb: adverbiale Bestimmung zum Grund.

König der Lüfte

Aufgrund von Höhenangst spüren viele Menschen gerne den Boden unter den Füßen. (Warum? Wie?) Das gilt nicht für den französischen Fallschirmspringer Michel Fournier, denn er hat vor, aus 40 Kilometer Höhe abzuspringen. (Woher?) Selbst große Düsenflugzeuge fliegen in einer
5 Reisehöhe von nur zehn Kilometern. (Wo?) Der 64-Jährige will mit Hilfe eines Ballons die Absprunghöhe erreichen und erst nach fünfeinhalb Minuten seinen Schirm öffnen. (Wie? Wann?) Mit etwas Glück wäre Fournier dann gleich mehrfacher Weltrekordler. (Wie?) Er hätte dann nicht nur den Sprung aus der größten Höhe überlebt, sondern auch den schnellsten Fall.
10 Im Mai 2008 soll das gefährliche Experiment in Kanada starten. (Wann? Wo?)

2 In den folgenden Sätzen kannst du mit Hilfe passender adverbialer Bestimmungen genauere Angaben machen.

a) Erweitere die Sätze und schreibe sie neu auf.

Michel Fournier will die Absprunghöhe erreichen. (Wie?)

Michel Fournier will die Absprunghöhe mit Hilfe eines Ballons erreichen.

Er will seinen Schirm öffnen. (Wann?)

_____

Das Experiment soll durchgeführt werden. (Wann? Wo?)

_____

Viele Menschen spüren gerne den Boden unter den Füßen. (Warum?)

_____

b) Unterstreiche alle adverbialen Bestimmungen mit unterschiedlichen Farben.

Nachdenken über Sprache: Satzglieder

3 Über den Sprung von Michel Fournier wurde in den Zeitungen berichtet. Lies dazu die folgende Meldung.

Vom Winde verweht

OTTAWA (Kanada). Der französische Abenteurer Michel Fournier (64) ist gestern mit seinem Weltrekordversuch gescheitert. Er wollte aus 40 Kilometer Höhe mit einem Fallschirm abspringen und die Schallmauer durchbrechen*. Bei dem Experiment löste sich kurz vor dem Start der Heliumballon* und flog davon. Der Franzose konnte somit seinen großen Traum nicht verwirklichen. Er äußerte sich bisher nicht über einen erneuten Start.

der Heliumballon: ein Gasballon, mit dem man fliegen kann

die Schallmauer durchbrechen: schneller fliegen als der Schall

4 Den Text kannst du wirkungsvoller gestalten, indem du die Satzglieder sinnvoll umstellst und damit gleiche Satzanfänge vermeidest.

a) Lies jeden Satz aufmerksam durch und unterstreiche das Satzglied, das deiner Meinung nach am Satzanfang stehen sollte.

b) Überarbeite den Text und schreibe ihn neu auf.

INFO
Bei einer Zeitungsmeldung steht häufig die Zeitangabe am Anfang des ersten Satzes. Auch bei den übrigen Sätzen steht das Wichtigste oder Bedeutendste am Satzanfang.

Vom Winde verweht

Teste dich selbst!
Satzglieder bestimmen

1 Bestimme alle Satzglieder in den folgenden Sätzen. Kennzeichne sie so:
S für Subjekt, P für Prädikat, O für Objekt und AB für adverbiale Bestimmung. /19

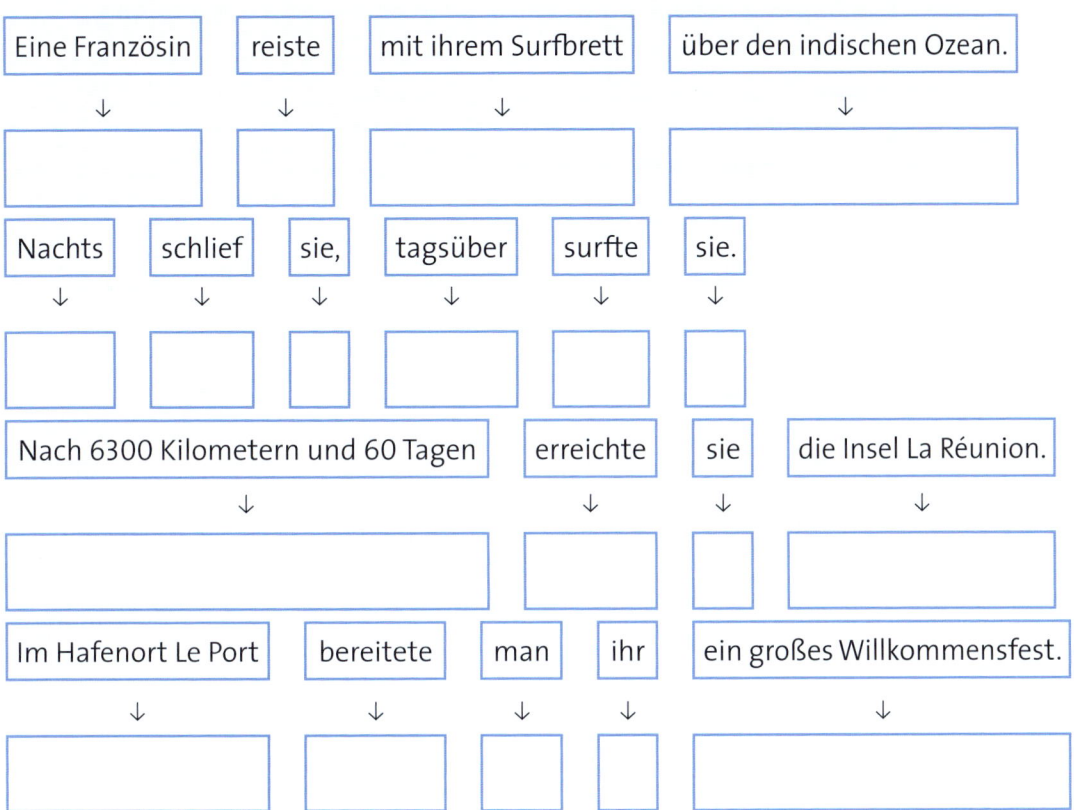

2 In diesem Text sind die adverbialen Bestimmungen unterstrichen.
Bestimme sie näher und trage rechts daneben *Zeit, Ort, Art und Weise* oder *Grund* ein. /6

	Art der adverbialen Bestimmung
Torjagd unter dem Eis	
Unter dem österreichischen Weißensee findet	
jedes Jahr ein ganz besonderes Eishockey statt.	
Mit Hilfe von Schwimmflossen jagen die Hockey-	
spieler unter dem Eis dem Puck hinterher.	
Zum Luftschnappen tauchen die Spieler	
alle 30 Sekunden auf.	

Gesamt: /25

Sätze verbinden

INFO

Hauptsatz-Konjunktionen sind:
und, oder, aber, doch, denn.
Adverbien sind:
dann, danach, anschließend, auch, folglich, deshalb, trotzdem.
Nebensatz-Konjunktionen sind:
weil, als, nachdem, bevor, obwohl, während, falls, wenn, indem, dass, sodass, damit.

Satzreihen und Satzgefüge verwenden

- Wenn Hauptsätze durch **Konjunktionen** (Bindewörter) oder **Adverbien** miteinander verbunden sind, entsteht eine **Satzreihe**. Vor den Hauptsatz-Konjunktionen *doch, aber, sondern* und *denn* muss ein Komma stehen, z.B.:
Ich gehe nach Hause. Es ist spät. → *Ich gehe nach Hause, **denn** es **ist** spät.*
- Die Verbindungen von Haupt- und Nebensatz nennt man **Satzgefüge**. Im Nebensatz steht das **Prädikat** am Ende des Satzes. Nebensätze beginnen oft mit einer **Konjunktion**. Die Grenze zwischen Haupt- und Nebensatz wird durch ein Komma markiert, z.B.:
*Ich gehe nach Hause, **weil** es spät **ist**.*

1 a) Lies den ersten Teil des Textes und schreibe passende Konjunktionen in die Lücken.

Machen Tiere Urlaub?

Viele Tiere können auf eine Auszeit verzichten, _____ sie im Normalfall keine anstrengenden Pflichten haben. Das ist bei Arbeitstieren etwas anderes.

Elefanten in Indien zum Beispiel verstehen keinen Spaß, _____ es um ihren Feierabend geht. Ihr Tagesablauf ist auf die Minute geregelt, _____ sich Arbeits- und Ruhephasen angemessen abwechseln. Morgens um vier holt ein Arbeiter die Elefanten aus dem Dschungel*, er füttert sie _____ er badet sie.

Dann wird bis um zehn gearbeitet, _____ anschließend wird die Sonne zu heiß.

der Dschungel:
der Urwald

b) Umkreise die Hauptsatz-Konjunktionen rot und die Nebensatz-Konjunktionen grün.

c) Überprüfe die Satzstellung des Prädikats, indem du es in jeder Satzreihe und in jedem Satzgefüge unterstreichst.

TIPP

Zwei der Konjunktionen sind Hauptsatz-Konjunktionen, drei sind Nebensatz-Konjunktionen.

2 Verknüpfe in der Fortsetzung des Textes jeweils die zwei aufeinanderfolgenden Sätze mit geeigneten Konjunktionen und schreibe den Text neu in dein Heft.

Die heiße Mittagshitze wird vermieden. ◆ Die Elefanten halten bis zwei oder vier Uhr nachmittags eine Siesta*. Danach langt der Elefant noch einmal richtig zu. ◆ Er kann dann in seinen wohlverdienten Feierabend gehen. Die Elefantenführer halten sich peinlich genau an den vereinbarten Wochenablauf. ◆ Sie sind von der Arbeitskraft ihrer Elefanten abhängig.

die Siesta (ursprünglich span.):
der Mittagsschlaf

Die heiße Mittagshitze wird vermieden, indem …

Adverbialsätze (adverbiale Nebensätze) verwenden

Nebensätze, in denen adverbiale Bestimmungen umschrieben werden, nennt man **Adverbialsätze**, z. B.:
Wegen eines Unwetters *fiel das Spiel gestern aus.* (adverbiale Bestimmung des Grundes: *Warum?*)
Weil es ein Unwetter gab, *fiel das Spiel gestern aus.* (Kausalsatz: *Warum?*)

INFO

Es gibt verschiedene Arten von Adverbialsätzen. Du erkennst sie an der einleitenden Konjunktion, z. B.:
temporal (Zeit): *als, bevor, nachdem, wenn*
kausal (Grund): *weil, da*
konzessiv (Gegengrund): *obwohl, obgleich*
modal (Art und Weise): *indem, dadurch, dass*

3 Forme die Satzpaare in Satzgefüge um.

Warum hat ein Zebra Streifen?

Mit den Streifen ist das Zebra bestens getarnt. Die Streifen sind sehr auffällig. (konzessiv)

_____

_____

TIPP

Verwende in Aufgabe 3 die Konjunktionen *obwohl, weil, wenn*.

In Afrika fängt die Luft zu flirren an. Der Boden wird immer heißer. (kausal)

_____

_____

Die Umrisse des Zebras verschwinden. Die flirrende Luft steigt auf. (temporal)

_____

_____

4 Forme die markierten adverbialen Bestimmungen in einen passenden Adverbialsatz um. Schreibe die Satzgefüge auf.

Trotz der einheitlichen Streifen sieht jedes Zebra anders aus.

_____

_____

TIPP

Erfrage die adverbialen Bestimmungen. Das Fragewort gibt dir einen Hinweis auf die Konjunktion, die du im Adverbialsatz verwenden kannst.

Durch ihr besonderes Fell sind viele andere Tiere in der Wildnis geschützt.

_____

_____

Relativsätze verwenden

INFO
Die Information, die ein Relativsatz gibt, kann sich auf ein einzelnes Wort oder eine Wortgruppe beziehen.

> **Relativsätze verwenden**
>
> Nebensätze, die ein Nomen (Bezugswort) näher erklären, nennt man **Relativsätze**. Sie folgen dem Nomen meistens direkt und beginnen mit einem **Relativpronomen** (*der/die/das* oder *welcher/welche/welches*).
> - Ein Relativsatz wird immer durch ein Komma vom Hauptsatz abgetrennt, z. B.: *Wir lachen über einen Witz, **der** uns gut gefallen hat.*
> - Wird ein Relativsatz in einen Satz eingeschoben, dann setzt man vor und hinter dem Relativsatz ein Komma, z. B.:
> *Der Witz, **der** gerade erzählt wurde, bringt uns zum Lachen.*

1 Der folgende Text enthält einige Relativsätze.
Umkreise die Relativpronomen und unterstreiche die Wörter, auf die sie sich beziehen.

Können Tiere lachen?

Tiere, die gackern oder wiehern, scheinen sich wie Menschen über etwas zu freuen. Doch nur der Schimpanse, der wie der Mensch über Lachmuskeln verfügt, kann das Gesicht zu einem Lachen verziehen. Hierbei können Schimpansen herzhaft quieken, sich den Bauch halten und über etwas lachen, das ihnen Freude bereitet hat.

TIPP
Streiche die Wortwiederholung im zweiten Satz durch. Ersetze das Wort durch ein passendes Relativpronomen, z. B. *der/die/das*.

2 a) Forme jeweils den zweiten Hauptsatz in einen Relativsatz um.
Füge ihn an der Stelle ◆ in den ersten Hauptsatz ein. Schreibe in dein Heft.

Delfine ◆ verständigen sich eigentlich über hundert Seemeilen mit ihren Artgenossen. Delfine quieken vergnügt vor sich hin.

Orang Utans ◆ können die Gesichtszüge ihres Gegenübers nachahmen. Orang Utans sind unsere nächsten Artverwandten.

Hunde ◆ erhoffen sich dadurch nur eine leckere Belohnung. Hunde zeigen ihre Zähne und scheinen zu lächeln.

Viele Haustiere ◆ scheinen Sinn für Humor zu haben. Viele Haustiere sind lustig und verspielt.

Schadenfreude ◆ ist aber bei keinem Tier bekannt. Schadenfreude ist für den Menschen typisch.

z. B. *Delfine, die vergnügt vor sich hin quieken, ...*

b) Unterstreiche in allen Sätzen den Relativsatz und umkreise das Relativpronomen.

Teste dich selbst!
Sätze verbinden/Relativsätze verwenden

1 a) *Denn, damit, weil, wenn* oder *dass*? /5
Ergänze in dem Text die fehlenden Konjunktionen.

Tierisch clever

Wüstenfüchse haben lange Ohren, _____ sie die Affenhitze besser aushalten. Der Körper kühlt nämlich ab, _____ sie die Riesenlauscher in den Wind halten. Am Kopf von Schneehasen lugen dagegen nur daumengroße Ohren aus dem Fell, _____ im bitterkalten Eis verlieren sie so weniger Wärme. US-Forscher fanden heraus, _____ regelmäßiges Sonnenbaden den Wüstenfüchsen die Ohren langzieht. Diese werden immer länger, _____ die hohen Temperaturen wie ein Wachstumsmittel wirken.

b) Welcher Satz ist kein Satzgefüge, sondern eine Satzreihe? Schreibe ihn auf. /2

_____

_____

2 Verknüpfe die beiden Sätze, indem du den zweiten Satz in einen Relativsatz umwandelst. /4

Die meisten Tiere tarnen sich durch die Farbe ihres Fells. Die Tiere leben in der Wildnis.

_____

_____

Manche Tiere sind kaum zu erkennen. Die Tiere haben sich ihrer Umgebung angepasst.

_____

_____

Gesamt: /11

Wörter mit langen Vokalen richtig schreiben

INFO

Ein paar Wörter mit betontem langem *i* werden mit einfachem *i* geschrieben, z. B.:
dir
mir
die Apfelsine
das Benzin
die Fibel
der Igel
die Krise
die Maschine
die Rosine
der Tiger.

TIPP

Lerne die Wörter der Info auswendig und übe die Schreibung.

> **Wörter mit langen Vokalen richtig schreiben**
>
> Bei den meisten Wörtern mit betontem langem Vokal steht ein **einfacher Vokal**, z. B.: *der Wagen, das Leder, fragen, gut*
> Die Länge des betonten langen Vokals kann aber auch angezeigt werden durch:
> - ein **Dehnungs-h** vor den Buchstaben *l, m, n, r*, z. B.:
>   *der Stuhl, der Rahmen, der Sohn, fehlen, gefährlich*
> - die **Doppelvokale** *aa*, *ee*, *oo*, z. B.:
>   *der Saal, leer, das Boot*
> - ein *ie* bei lang gesprochenem *i*, z. B.:
>   *die Liebe, fliegen, ziemlich*

1 Fußball ist zu langweilig? Hier sind ein paar andere gute Ideen.

Allein im weiten Flur

Dielenbowling
Neun leere Plastikflaschen aufstellen und mit einem alten Tennisball kegeln. Vorsicht: Krise mit Nachbarn möglich.

Läuferschlittern
Anlauf nehmen und auf einer Fußmatte oder einem Läufer durch den Korridor schlittern.

Flurgolf
Mit Besen Tischtennisbälle in fremder Leute Schuhe einlochen. Anschließendes Einsammeln unvermeidlich.

Garderobenbasketball
Die Hutablage dient als Korb. Vorsichtshalber nur mit Softball spielen.

a) In den Sätzen sind alle Wörter mit betontem langem Vokal blau hervorgehoben. Unterstreiche jeweils drei Wörter, die mit einem einfachen Vokal geschrieben werden, zwei Wörter mit Dehnungs-*h* und drei Wörter mit *ie*.

b) Übertrage die Tabelle in dein Heft und trage die Wörter in die passende Spalte der Tabelle ein. Schreibe Nomen mit Artikeln auf.

Wörter mit einfachem Vokal	Wörter mit Dehnungs-*h*	Wörter mit *ie*
…	…	…

c) Unterstreiche bei allen Wörtern die betonten langen Vokale mit verschiedenen Farben.

d) Ergänze in jeder Gruppe drei weitere passende Wörter. Markiere auch hier die Schreibungen.

e) Ein Wort im Text hat einen betonten langen Vokal, passt aber nicht in die Tabelle. Umkreise es.

2 Welche verwandten Wörter gehören zusammen?

a) Vervollständige die Wörter nach folgendem Schlüssel:
1 = *ah*, 2 = *eh*, 3 = *oh*, 4 = *uh*, 5 = *äh*, 6 = *öh*, 7 = *üh*

ernähren (5)	F__re (4)	ernähren, Nahrung
fr__ (3)	N__t (1)	_____
f__ren (7)	ber__mt (7)	_____
gew__nen (6)	Ausn__me (1)	_____
n__en (5)	Nahrung (1)	_____
n__men (2)	gew__nt (3)	_____
R__m (4)	fr__lich (6)	_____

INFO
Bei verwandten Wörtern schreibt man den Wortstamm gleich, z. B.: *der Strahl*, *strahlen*, *bestrahlt*. Der Vokal im Wortstamm kann sich dabei ändern, z. B.: *die Zahl*, *zählen*, *zählbar*.

b) Suche zu jedem Wort in der linken Spalte ein verwandtes in der rechten Spalte und verbinde sie.

c) Schreibe das verwandte Wortpaar auf.

d) Suche zu den Verben *wohnen*, *wählen* und *fühlen* jeweils mindestens drei weitere verwandte Wörter und schreibe sie in dein Heft.

3 Im folgenden Text fehlen Wörter mit langen Vokalen.

a) Ergänze passende Wörter und orientiere dich an der Schreibung der verwandten Wörter aus derselben Wortfamilie. Achte auf die Zeitform.

Der schwarze Peter, ein echter Räuber

Wer am Schluss den schwarzen Peter, eine Karte mit schwarzer _____ (markieren), in den Händen hält, der hat das _____ (spielen) verloren. Erfunden hat das _____ (spielen) der _____ (die Berühmtheit) Räuber Peter Petri. Mit 40 _____ (jährlich) wurde Petri, der 1752 geboren wurde, zum Räuber. Fast 20 _____ (jährlich) lang _____ (der Halt) Petri die Behörden in Atem, bis die Franzosen ihn _____ (die Festnahme). Die _____ (strafen) musste Petri in einem Gefängnis in Paris absitzen, wo er aus purer Langeweile das _____ (spielen) mit dem schwarzen Peter erfand.

b) Unterstreiche in jedem Lückenwort den betonten langen Vokal.

Wörter mit kurzen Vokalen richtig schreiben

INFO

Durch Zusammensetzung können Wörter mit drei Konsonanten entstehen, z.B.:
das Schiff + *die Fahrt* = *die Schifffahrt*.

> **Wörter mit kurzen Vokalen richtig schreiben**
>
> Nach einem betonten kurzen Vokal folgen meist zwei Konsonanten, z.B.:
> *die Wand, der Kasten, finden, bunt*
> - Wenn ein Wort einen betonten kurzen Vokal hat und man nur **einen Konsonanten** hört, dann wird dieser **verdoppelt**, z.B.:
>   *die Puppe, der Hammer, retten, sonnig*
> - Nach einem betonten kurzen Vokal wird **ck** (statt *kk*) und **tz** (statt *zz*) geschrieben, z.B.:
>   *die Hecke, packen, eckig, der Schatz, hetzen, kratzig*

1 Doppelkonsonant oder einfacher Konsonant?
Ergänze den fehlenden Buchstaben oder streiche die Lücke durch.

TIPP

Markiere den betonten kurzen Vokal mit einem Punkt. Prüfe, ob ihm bereits zwei Konsonanten folgen oder nur einer.

Wo Tan__zen Erleuchtung brin__gt

Wer nicht das Tan__zbein schwin__gt, hat in der Diskothek „Wat__" in der niederländischen Stadt Rotterdam düstere Aussichten. Hier müs__en die Partygäste Fuß anlegen, um die bun__ten Lichter auf der Tan__zfläche flackern zu las__en. Der Boden besteht

nämlich aus einzelnen rechteckigen Plat__en, die bei jedem Schrit__ und Sprun__g ein Stück nachgeben und dadurch in Schwin__gung versetzt werden. Ein Generator wan__delt diese Schwin__gungen in elektrischen Strom um. Wenn 2000 Gäs__te sprin__gen, drehen und stam__pfen, genügt deren Energie, um die Tan____zfläche auszuleuchten.

INFO

Bei verwandten Wörtern schreibt man den Wortstamm gleich, z.B.: *der Witz, witzig, gewitzt.* Der Vokal im Wortstamm kann sich dabei ändern, z.B.: *der Schatz, schätzen, unschätzbar.*

TIPP

Schlage im Wörterbuch nach, wenn du verwandte Wörter finden willst.

2 a) Suche zu jedem Verb möglichst viele verwandte Wörter.
Schreibe in dein Heft und notiere Nomen mit ihren Artikeln.

> *nutzen, sitzen, hetzen, blitzen, kratzen*
> *stecken, wecken, locken, entdecken, glücken*

nu̇tzen – nü̇tzlich, der Nu̇tzer,

b) Markiere bei jedem Wort den betonten kurzen Vokal mit einem Punkt.

c) Denke dir zehn Zeitungsmeldungen aus, in denen jeweils ein bis zwei der Wörter auftauchen. Schreibe in dein Heft.

z.B.: *Endlich eckige Lockenwickler!   Macht Blitzkarriere glücklich?*

s-Laute richtig schreiben

> **s-Laute unterscheiden**
> - Ein *ß* steht **nur nach einem langen Vokal** oder **Diphthong** (**Doppellaut**), z. B.:
>   *die Straße, der Fuß, heißen, mäßig*
> - Ein *ss* (stimmlos) steht **nur nach einem kurzen Vokal**, z. B.:
>   *der Sessel, die Kasse, küssen, lässig*

INFO
Doppellaute (Diphthonge) sind *au, eu, äu* und *ei*.

1 a) Markiere in den Wörterpaaren die betonten langen Vokale und Doppellaute mit einem _ und die betonten kurzen Vokale mit einem .

b) Setze in den Wörterpaaren *ss* oder *ß* richtig ein.

flie___en – der Flu___   gie___en – der Gu___

schie___en – der Schu___   rei___en – der Ri___

bei___en – der Bi___   genie___en – der Genu___

schlie___en – das Schlo___   grü___en – der Gru___

TIPP
Aufgepasst! Das letzte Wortpaar funktioniert anders als die anderen.

2 Ergänze bei den folgenden Verben jeweils ein verwandtes Nomen und Adjektiv.

messen: *das Maß,* _____

fressen: _____

INFO
Der *s*-Laut kann sich innerhalb einer Wortfamilie ändern, wenn der kurze Vokal zu einem langen Vokal wird oder umgekehrt, z. B.:
*beschließen – der Beschluss
messen – das Maß.*

3 Schreibe zu den folgenden Sätzen einen passenden im Perfekt auf. Markiere den veränderten *s*-Laut.

Heute fließen im Kino oft viele Tränen.

Früher sind die Tränen beim _____

_____

Heute schließen viele Geschäfte erst um 22:00 Uhr.

Früher _____

_____

Heute genießen viele ihren Urlaub in fremden Ländern.

Früher _____

_____

TIPP
Früher – heute? Hier sind ein paar Schreibideen:
Kino – beim Geschichtenerzähler
22:00 Uhr – 18:00 Uhr
in fremden Ländern – im eigenen Land.

Richtig schreiben

Teste dich selbst!
Wörter genau aussprechen und richtig schreiben

/ 4

1 Im folgenden Text sind acht Wörter mit langen oder kurzen Vokalen falsch geschrieben. Am Zeilenende ist die jeweilige Fehlerzahl vermerkt.

    a) Lies den Text und unterstreiche die Fehlerwörter.

/ 4

    b) Korrigiere jedes Wort und schreibe es berichtigt an den Rand.

Schlaue Energiesparer

Schnecken, Schlangen und Frösche sind Meisster (1)

im Energiesparen: Sie verpasen den Winter (1)

und verbrinngen die kalte Jahreszeit in einer (1)

Winterstare. Schlangen können lange ohne (1)

Narung auskommen – bis zu einem Jahr. Die (1)

Blumenfledermaus muss Nährstofe nicht (1)

speichern und kann sie schnell in Energie

umwanndeln. Stehen ihr aber nicht genug zur (1)

Verfühgung, verliert sie bis zur Hälfte ihres (1)

Gewichts an nur einem Tag.

Korrektur

/ 7

2 a) Markiere bei den unvollständigen Wörtern die betonten langen Vokale und Doppellaute mit einem _ und die betonten kurzen Vokale mit einem .

/ 7

    b) Füge *ss* oder *ß* in die Lücken ein.

Kleines Energiewunder

Die „Rose von Jericho" sieht auf den ersten Blick ziemlich hä___lich aus,

schlie___lich scheint sie schon seit Langem vertrocknet zu sein. Die wenig

attraktive Wüstenpflanze kann jahrelang ohne Wa___er auskommen. Dann rollt

sie sich zusammen und lä___t sich durch die Wüste wehen. Wer sie findet, kann

sie so oft aufblühen und wieder austrocknen la___en, wie er möchte. Dafür

mu___ man nur Wa___er über die Pflanze gie___en. Schon nach kurzer Zeit sieht

die Rose viel be___er aus: Triebe sprie___en und werden immer grüner. Man

wei___ heute, da___ die Rose früher als heilige Pflanze verehrt wurde. Man

glaubte au___erdem, da___ jedem Besitzer Glück beschieden ist.

Gesamt: / 22

50

Den Wortaufbau als Rechtschreibhilfe nutzen

Ableitungen und Zusammensetzungen

- **Ableitungen** bestehen aus einem Wortstamm, an den Präfixe (Vorsilben) oder/und Suffixe (Nachsilben) angefügt werden, z. B.:
  *ach**t**en: die **Acht**ung* (Suffix: *-ung*), *be**acht**en* (Präfix: *be-*)
  Der Wortstamm wird bei allen Wörtern einer Wortfamilie gleich geschrieben, z. B.: *ver**acht**en, **acht**los, Be**acht**ung, ge**acht**et*
- **Zusammensetzungen** bestehen aus mindestens zwei Wörtern, z. B.:
  der Wetterfrosch, mittelgroß, rosarot
  Einige Zusammensetzungen enthalten ein **Fugenelement**, z. B.:
  *der Rettung-**s**-ring, der Welle-**n**-brecher, der Pferd-**e**-stall*

INFO
Bei verwandten Wörtern einer Wortfamilie können Vokale zu Umlauten werden, z. B.:
*der **Gruß** – ge**grüßt**
stark – die **Stärke**
großartig – ver**größ**ern*.

1 a) Aus den folgenden Wörtern kannst du insgesamt fünf Wortfamilien bilden. Schreibe sie in dein Heft und unterstreiche den Wortstamm.

> *eröffnen   das Gestell   anbinden   die Offenheit   die Bindung
> fröhlich   die Kindheit   die Angestellte   kindisch   der Frohsinn*

b) Ergänze bei jeder Wortfamilie drei verwandte Wörter. Notiere Nomen mit ihren Artikeln. Unterstreiche auch hier den Wortstamm.

2 a) Ergänze die fehlenden Adjektive im folgenden Text. Die Schreibung des Stammes der Nomen in Klammern hilft dir dabei.

Warum ist Schnee weiß?

Schnee besteht aus Wasser, und Wasser ist normalerweise _____ (die Farblosigkeit). Regentropfen sind _____ (die Durchsicht). Wenn aus Regen Schnee wird, gefrieren die Regentropfen zu _____ (die Winzigkeit), _____ (das Sechseck) Eiskristallen. Diese reflektieren das weiße Sonnenlicht. Dadurch sieht Schnee weiß aus, schneeweiß.

TIPP
Aus Nomen kannst du Adjektive bilden, indem du an den Wortstamm ein typisches Adjektiv-Suffix hängst, z. B.:
*die Gründ**ung** – gründ**lich***.

b) Schreibe zu den beiden Nomen drei verwandte Wörter auf. Notiere Nomen mit ihren Artikeln und unterstreiche bei allen Wörtern den Wortstamm.

das Wasser: _____

der Spiegel: _____

INFO
Typische Adjektiv-Suffixe sind z. B.:
-ig, -isch, -lich, -sam, -bar.
Typische Nomen-Suffixe sind z. B.:
-ung, -keit, -heit, -nis, -tum, -schaft.

3 a) Schreibe alle zusammengesetzten Nomen aus dem Text in dein Heft.

b) Zerlege jedes Nomen in seine Bausteine und schreibe sie auf, z. B.:

der Regentropfen = der Regen, der Tropfen

Suffixe für Nomen verwenden

> **Nomen an typischen Suffixen erkennen**
>
> Hat ein Wort eines der folgenden Suffixe, so ist es ein Nomen und wird großgeschrieben:
> *-heit*, *-keit*, *-nis*, *-ung*, *-schaft*, *-ling*, *-(t)ion*, *-mus*, *-tur*, *-tum*

INFO
Präfixe (Vorsilben) sind Wortbausteine, die vor den Wortstamm gesetzt werden können, z. B.: *die Verwandlung*.

1 Bilde aus den Präfixen und Verben mit Hilfe typischer Suffixe zehn Nomen. Schreibe sie mit ihren Artikeln auf.

be-	stellen	schaffen	teilen
er-	fahren	halten	sparen	scheinen
ver-	mischen	leuchten	arbeiten

die Bestellung, _____

_____

_____

TIPP
Achte auf Begleitwörter im Text. Sie können dir helfen, die Nomen zu finden. Begleitwörter können z. B. sein: Artikel, Adjektive, Mengenangaben.

2 a) Im folgenden Text sind 17 Nomen enthalten. Lies den Text und unterstreiche alle Nomen. Umkreise zusätzlich die Nomen, die ein typisches Suffix besitzen.

WARUM SIND AUTOREIFEN SCHWARZ?

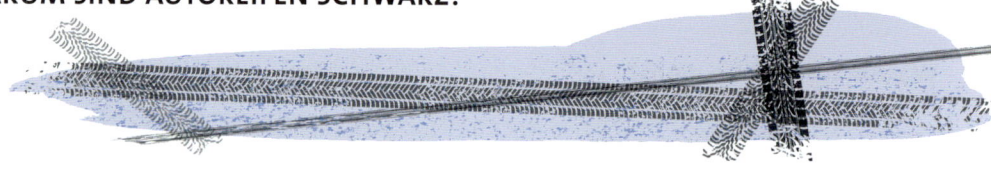

SO UNTERSCHIEDLICH DIE AUTOS AUCH SIND, EINES HABEN SIE ALLE GEMEINSAM: SIE HABEN SCHWARZE REIFEN. DER GRUND DAFÜR LIEGT IN DER HERSTELLUNG: EIN AUTOREIFEN BESTEHT AUS EINER GUMMI-MISCHUNG. DIE GENAUE REZEPTUR IST EIN STRENG GEHÜTETES GEHEIMNIS DER HERSTELLER. ABER EINE ZUTAT IST BEKANNT: RUß. ER SORGT DAFÜR, DASS SICH DIE GUMMIMISCHUNG GUT VERBINDET, UND ER VERBESSERT DIE HALTBARKEIT DES REIFENS. UND DA RUß SCHWARZ IST, HAT DER REIFEN DIESELBE FARBE.

b) Schreibe den Text in der richtigen Groß- und Kleinschreibung in dein Heft.

3 Bilde aus den folgenden Wörtern mit Hilfe passender Suffixe Nomen. Notiere sie mit ihren Artikeln.

unterschiedlich: _____

verbindet: _____

Richtig schreiben

Suffixe für Adjektive verwenden

Adjektive an typischen Suffixen erkennen

Hat ein Wort eines der folgenden Suffixe, dann ist es meist ein Adjektiv und wird kleingeschrieben:
-ig, *-isch*, *-lich*, *-sam*, *-bar*, *-los*, *-haft*

1 a) Bilde zu den folgenden Nomen mit Hilfe typischer Suffixe verwandte Adjektive und schreibe sie auf.

b) Verwende jedes Adjektiv in einem Beispielsatz. Schreibe die Sätze in dein Heft.

der Freund – die Sonne – der Traum – das Ende – die Stunde – der Neid – der Halt

der Freund – freundlich,

z.B. *Das Haus besaß viele freundliche Zimmer.*

2 a) Lies den Text. Unterstreiche alle Adjektive, die ein typisches Suffix besitzen.

WARUM IST DER ROTE TEPPICH ROT?

BEI EINEM WICHTIGEN POLITISCHEN EMPFANG ODER EINER VERANSTALTUNG DARF DER ROTE TEPPICH NICHT FEHLEN. DIE WAHL DER FARBE ERKLÄRT SICH AUS DER GESCHICHTLICHEN BEDEUTUNG DER FARBE ROT. DIE HERSTELLUNG DES FARBSTOFFS WAR LANGWIERIG UND DER FARBSTOFF KOSTBAR. DESHALB WAR ROT LANGE ZEIT DEN GÖTTERN UND HERRSCHERN VORBEHALTEN. BEI HERRSCHAFTLICHEN EMPFÄNGEN ROLLTE MAN DANN EINEN TEPPICH MIT KÖNIGLICHEM ROT AUS. HEUTE IST DIE FARBE FAST ALLTÄGLICH GEWORDEN.

b) Schreibe die Adjektive in der richtigen Schreibung auf.

c) Bilde aus den markierten Nomen mit Hilfe typischer Suffixe verwandte Adjektive. Notiere die Nomen mit ihren Artikeln.

die Wahl –

Teste dich selbst!
Wortbausteine erkennen

/4 **1** Bilde acht zusammengesetzte Nomen. Notiere sie mit ihren Artikeln. Prüfe, ob du ein Fugenelement *(-s-, -n-, -e-)* ergänzen musst.

Wind   Hütte   Schlitten   Futter   Hund   Polizei   Korb   Schoß   Leine

_____

_____

_____

/7 **2 a)** Unterstreiche in der folgenden Wörtergruppe alle Adjektive rot und alle Nomen blau.

GESPENSTIG   ÄNDERUNG   ANFÄNGLICH   GEMEINHEIT

RUNDLICH   TASTATUR   HEILSAM   NEIDISCH

TOURISMUS   ÖRTLICH   BEISPIELHAFT

AUFFÄLLIG   MITTEILSAM   EIGENSCHAFT   LIEBLOS

/7 **b)** Schreibe die Wörter in der richtigen Groß- und Kleinschreibung in dein Heft. Notiere Nomen mit ihren Artikeln.

gespenstig, die Änderung, ...

/3 **3** Schreibe zu beiden Verben drei Wörter auf, die zur selben Wortfamilie gehören. Notiere Nomen mit ihren Artikeln.

fallen: _____

halten: _____

/9 **4** Groß oder klein? Streiche die falsche Schreibung durch.

Die Gestrige / gestrige Aufstellung / aufstellung war Traumhaft / traumhaft.

Die Spieler freuten sich über die Stürmische / stürmische Begrüßung / begrüßung.

Er war sehr Glücklich / glücklich, als seine Mannschaft / mannschaft gewann.

Das Sportliche / sportliche Ereignis blieb lange in Erinnerung / erinnerung.

Gesamt: /30

Getrennt- und Zusammenschreibung

Verbindungen aus Nomen und Verb richtig schreiben

- Feste Verbindungen aus Nomen und Verb schreibt man meist **getrennt**, z. B.:
  Rad fahren, Interesse zeigen, Not leiden
- Werden Verbindungen aus Nomen und Verb nominalisiert, muss man sie **zusammen- und großschreiben**, z. B.:
  Beim Radfahren sang sie ein Lied. Die Hilfsorganisation beendet das Notleiden.

INFO
Die folgenden Verben werden zusammengeschrieben, weil die Bedeutung des Nomens hier nicht mehr so wichtig ist:
*teilnehmen
stattfinden
sonnenbaden
heimfahren
schlussfolgern
preisgeben.*

1 a) Schreibe mit Hilfe der Wörter im Kasten Verbindungen aus Nomen und Verb auf.

Verantwortung	schließen
Kritik	fahren
Bescheid	haben
Sport	übernehmen
Freundschaft	treiben
Auto	wissen
Wort	üben
Angst	halten

Verantwortung übernehmen,

b) Schreibe zu jeder Nomen-Verb-Verbindung einen Beispielsatz in dein Heft, z. B.:

Viele möchten in ihrer Freizeit Sport treiben.

2 Die folgenden Überschriften enthalten Nomen-Verb-Verbindungen. Schreibe diese so um, dass sie nominalisiert werden.

Profitänzer: „Wir tanzen Tango auf Hochhaus!"

       Neuer Supermarkt: Nie mehr Schlange stehen!

    Automesse: Endlich neue Modelle Probe fahren!

       Sollen schon Dreijährige Klavier spielen?

Profitänzer: Tangotanzen auf

TIPP
So kannst du Überschriften mit Hilfe von Nomen-Verb-Verbindungen umformulieren:
*Schülervertretung setzt durch: Schüler dürfen in den Pausen Ball spielen!
Schülervertretung setzt durch: Ballspielen in Pausen erlaubt!*

> **Verbindungen mit *sein* richtig schreiben**
> - Verbindungen mit *sein* werden meist **getrennt** geschrieben, z. B.:
>   *fertig sein, da sein, traurig sein, vorbei sein, zurück sein, glücklich sein*
> - Werden Verbindungen mit *sein* nominalisiert, muss man sie **zusammen- und großschreiben**, z. B.:
>   *Der alten Frau blieb das Alleinsein erspart. Ein Traurigsein kannte sie nicht.*

1 a) Bilde aus den folgenden Wörtern Verbindungen mit *sein* und setze sie in die Lücken.

> *gefährlich – vorsichtig – heldenhaft – sportlich – mutig – wach*

Scheinkämpfe und Fensterstürze

Dieser Beruf fordert vor allem eines:

Man muss sehr *mutig sein*. Ob sie mit brennenden Autos fahren oder eine Schlägerei anzetteln: In allen Situationen müssen Stuntprofis _____ , damit sie bei Gefahr richtig reagieren. Häufig kommt es zu Unfällen, weil viele nicht _____ _____ . Dieser Job kann sehr _____ _____, deshalb kommt es ganz besonders auf eine gute Vorbereitung an. Von Vorteil ist es, wenn man _____ _____ und eine gute Körperbeherrschung besitzt.

Auch wenn Stuntprofis wirklich _____ _____ , werden trotzdem nur wenige von ihnen richtig berühmt.

b) Fasse wichtige Informationen zu dem Beruf des Stuntprofis zusammen. Schreibe zwei passende Sätze auf und verwende hierfür nominalisierte Verbindungen mit *sein*.

Bei einem Stuntprofi ist das _____ *besonders* _____

_____

_____

_____

Teste dich selbst!
Getrennt oder zusammen?

1 Getrennt oder zusammen? Streiche die falschen Schreibungen durch. /8

Schule auf dem Meeresgrund

Marc muss jetzt stark sein/~~starksein~~ und darf auf keinen Fall Angst haben/angsthaben. Der Franzose wird zusammen mit Kollegen in einen Stahlcontainer eingeschlossen, der auf einem Schiff vor der Küste Marseilles ankert. Die Männer möchten an einer Schulung teil nehmen/teilnehmen, die tief unten auf dem Meeresboden statt findet/stattfindet: Sie werden zu Tauchern ausgebildet. Will man dabei sein/dabeisein, muss man kerngesund sein/kerngesundsein. Vor den Herausforderungen sollte jeder Respekt haben/respekthaben: Die Ausbildung kann gefährlich sein/gefährlichsein und man sollte einen langen Atem haben: Erst nach vier bis acht Wochen darf man heim fahren/heimfahren.

2 a) Bilde Verbindungen mit einem passenden Verb. Schreibe sie auf. /5

~~Tango~~ – Ball – Abschied – Anerkennung – Not – Interesse

Tango tanzen, _____

_____

b) Wähle zwei Verbindungen aus und bilde Nominalisierungen. Schreibe zwei passende Sätze dazu auf. /4

Laura gibt ihr ganzes Geld fürs _____

_____

_____

3 Bilde Nominalisierungen und verwende sie in ganzen Sätzen. /3

allein sein – sonnenbaden – Sport treiben

Tarina hat das _____ _lieben gelernt._

_____

_____

Gesamt: /20

Nomen großschreiben

> **Nomen erkennen und großschreiben**
>
> Nomen werden immer **großgeschrieben**. Achte auf die **typischen Suffixe**, die ein Nomen verraten:
> **-heit, -keit, -nis, -ung, -tum, -schaft, -ling, -(t)ion, -mus, -tur**

TIPP
Die Endung *-en/-n* entfällt bei der Umwandlung, z. B.:
wachsen – das Wachstum.
Häufig müssen bei der Bildung von Nomen Buchstaben hinzugefügt werden, z. B.:
*kennen –
die Kenn + t + nis =
die Kenntnis,
klein – die Klein + ig + keit = die Kleinigkeit.*

1 a) Wandle die folgenden Verben und Adjektive mit Hilfe passender Suffixe in Nomen um. Schreibe sie mit ihren Artikeln auf.

richten: die Richtung   schnell: _____

hindern: _____   fremd: _____

altern: _____   kurz: _____

umgeben: _____   hell: _____

b) Umkreise bei jedem Nomen den Wortstamm und unterstreiche das Suffix.

2 Aus den Wörtern auf der linken Seite und den Suffixen auf der rechten Seite kannst du sechs Nomen bauen. Schreibe sie mit ihrem Artikel in dein Heft.

rechnen	prüfen	-nis
klug	wagen	-keit
erleben	dankbar	-ung
		-heit

TIPP
Achte darauf, ob das Nomen im Singular oder im Plural verwendet werden muss.

3 Wandle die Verben und Adjektive in Nomen um und fülle die Lücken aus.

Mission im All

Das war ein _____ (ereignen)! Im Jahre 2006 verbrachte der deutsche Astronaut Thomas Reiter insgesamt 167 Tage im All. Während des Aufenthalts in dieser lebensfeindlichen _____ (umgeben) nutzte er die _____ (schwerelos), um Experimente durchzuführen. In schöner _____ (regelmäßig) bewegte er sich frei schwebend im All. Das war für ihn eine faszinierende _____ (erfahren). Mit Hilfe der verschiedenen _____ (untersuchen) wollen Forscher wichtige _____ (erkennen) über den Gleichgewichtssinn des Menschen erhalten.

> **Begleitwörter als Erkennungszeichen von Nomen nutzen**
>
> Nomen kann man an ihren Begleitwörtern erkennen, z. B.:
> - **Artikel**: bestimmte (*der, die, das*) und unbestimmte (*ein, eine*)
> - **Adjektive**, z. B.: *schöne Kleider, kleine Fische*
> - **Mengenangaben**, z. B.: *viele Bücher, einige Fragen*
> - **Possessivpronomen**, z. B.: *mein Onkel, dein Heft*
> - **Demonstrativpronomen**, z. B.: *dieses Hemd, dieser Stift*
>
> Manche Nomen haben **versteckte Artikel**, z. B.: *fürs* (*für das*), *zum* (*zu dem*).
> Bei einigen Nomen braucht man **gedachte Artikel**, z. B.: *Ich mag (die) Ferien*.

1 a) Unterstreiche in den folgenden Textteilen die Nomen.

ein ungewöhnlicher versuch

seine vielen schlauen fragen   dieses große weltweite interesse

INFO
Oft stehen mehrere Begleitwörter vor dem Nomen. Schreibe sie alle klein, nur das Nomen groß, z. B.: <u>*meine vielen schönen*</u> Schuhe.

b) Übertrage die Tabelle in dein Heft und ordne die Begleitwörter ein.

unbestimmter Artikel	Adjektiv	Mengenangabe	Possessivpronomen	Demonstrativpronomen
ein	…	…	…	…

c) Übertrage die Textteile in der richtigen Schreibung in dein Heft.

2 a) Unterstreiche im folgenden Text alle Nomen und umkreise alle Begleiter.

TIPP
Denke dir Begleitwörter dazu, wenn du keine im Text finden kannst.

TEDDYBÄREN IM ALL

ANGEBLICH SIND (UNGEWÖHNLICHE) <u>RAUMFAHRER</u> VON ENGLAND AUS INS

ALL GESTARTET. VIER TEDDYBÄREN WURDEN IN DEN WELTRAUM GESCHICKT.

SIE TRUGEN MODERNE RAUMANZÜGE UND WAREN MIT MEHREREN

KAMERAS, NAVIGATIONSGERÄTEN UND COMPUTERN AUSGESTATTET.

IHRE ANZÜGE WAREN VON SCHÜLERN FÜR EIN WISSENSCHAFTSPROJEKT

GESTALTET WORDEN. MAN WOLLTE HERAUSFINDEN, WAS FÜR EIN

RAUMANZUG DIE TEDDYS IM ALL SCHÜTZT.

b) Schreibe den Text in der richtigen Groß- und Kleinschreibung in dein Heft.

Teddybären im All

Angeblich sind ungewöhnliche Raumfahrer von England aus ins

c) Überprüfe, ob du alle Nomen im Text großgeschrieben hast.

Nominalisierungen großschreiben

Adjektive und Verben werden zu Nomen

Nominalisierungen von Adjektiven und Verben kannst du genau wie alle anderen Nomen an ihren **Begleitern** erkennen (**Artikel**, **versteckte Artikel**, **gedachte Artikel**, **Adjektive**, **Mengenangaben**, **Possessivpronomen**, **Demonstrativpronomen**), z. B.:
beim Laufen, das Schöne, viel Gutes, dein Zuhören, dieses Klingeln

1 a) Verbinde die Begleiter aus der linken Spalte mit den Adjektiven und Verben aus der rechten Spalte so, dass aus den Adjektiven und Verben Nomen werden. Schreibe in dein Heft.

Begleitwörter	Adjektive
etwas	gut
wenig	neu
nichts	schlimm
alles	alt

Begleitwörter	Verben
der/die/das	lachen
beim	tanzen
zum	baden
	sprechen

etwas Gutes,

b) Verwende deine Verbindungen in Sätzen und schreibe sie in dein Heft.

INFO
Die **NASA** ist die US-amerikanische Weltraumbehörde.

2 a) Suche aus dem Text zwei nominalisierte Adjektive und fünf nominalisierte Verben heraus und unterstreiche sie.

b) Kreise die Begleitwörter ein.

Eis auf dem Mond?

Etwas Interessantes vermuten amerikanische Forscher der NASA: Eis auf dem Mond. Da das Leuchten der Sonne nicht alle Krater erreicht, hält die NASA ein Vereisen dieser Krater für wahrscheinlich. Dieses Eis könnte durch das Einschlagen eines Kometen dort hingelangt sein. Das Entdecken des Mondeises könnte etwas Nützliches haben: Es soll sich für das Herstellen von Raketentreibstoff eignen.

TIPP
Der Text enthält insgesamt sechs Nominalisierungen.

3 Groß oder klein? Überlege, ob die markierten Adjektive und Verben zu Nomen werden und streiche die falsche Schreibweise durch.

Schon vor Tausenden von Jahren kamen die Menschen beim Blick in den Himmel ins staunen/Staunen. Wenn die Hirten nachts bei ihren Schafen im freien/Freien lagerten und hoch/Hoch oben das leuchten/Leuchten der Sterne sahen, kamen sie regelmäßig ins grübeln/Grübeln. Das beobachten/Beobachten der Himmelsbilder regte ihre Fantasie an. Sie merkten schon früh/Früh, dass viele Sterne immer wieder die gleichen/Gleichen Wege am Himmel zurücklegten. Das war für sie etwas wunderbares/Wunderbares.

Zeitangaben schreiben – groß oder klein?

> **Zeitangaben groß- oder kleinschreiben**
>
> Wenn Zeitangaben als Nomen auftreten, werden sie **großgeschrieben**.
> Achte auf die Begleiter:
> - **Artikel**: *der Montag, am (an dem) Freitag, der Samstagabend*
> - **Zeitadverbien**: *heute Vormittag, gestern Abend, morgen Mittag*
>
> **Kleingeschrieben** werden:
> - **Zeitangaben mit -s** am Ende: *dienstags, morgens, samstagabends*
> - **Zeitadverbien**: *heute, gestern, morgen, übermorgen*

1 a) 500 Millionen Menschen haben 1969 die erste Mondlandung gespannt im Fernsehen beobachtet. Lies den folgenden Bericht einer Zeitzeugin.

Es war an einem Samstag im Juli 1969. Ich erinnere mich noch, als wäre es gestern gewesen. Schon Freitagnacht konnte ich vor Aufregung kaum schlafen. Als ich am Samstagmorgen aufwachte, hatte ich nur einen Gedanken im Kopf: Der erste Mensch wird heute Nacht den Mond betreten. Den ganzen Vormittag konnte ich mich nicht richtig auf die Hausarbeit konzentrieren. Als ich mittags abspülte, fragte ich mich, ob es auf dem Mond wohl Wasser gibt. Beim Staubwischen am Nachmittag stellte ich mir vor, dass unsere schmutzigen Regale in Wahrheit mit kostbarem Mondstaub bedeckt seien.

b) Schreibe aus dem Text alle Zeitangaben heraus, die großgeschrieben werden.

_____

_____

c) Mit Hilfe welcher Rechtschreibprobe kannst du nachweisen, dass diese Beispiele großgeschrieben werden müssen?

d) Markiere nun im Text alle Zeitangaben, die kleingeschrieben werden. Unterstreiche alle Zeitangaben mit *-s* am Ende rot und alle Zeitadverbien grün.

2 Schreibe die Fortsetzung des Textes in dein Heft. Achte auf die richtige Groß- und Kleinschreibung der Zeitangaben.

> **TIPP**
> Überprüfe mit Hilfe der Artikelprobe, ob die Zeitangabe als Nomen gebraucht wird.

GEGEN ABEND trafen wir uns dann endlich bei Freunden, um gemeinsam die Übertragung aus dem All im Fernsehen zu verfolgen. Wir wussten alle, dass DIESER TAG in die Geschichte eingehen wird. Als sich die Luke der Landefähre Eagle SPÄT NACHTS öffnete, starrten wir gebannt auf den Bildschirm. Neil Armstrong stieg in seinem Raumanzug die Leiter auf den Mond hinunter und sagte den berühmten Satz: „Das ist ein kleiner Schritt für mich, aber ein großer Schritt für die Menschheit." Da gab es für uns kein Halten mehr und wir feierten DIE GANZE NACHT durch bis FRÜH MORGENS. Nur ich dachte still bei mir: „Vielleicht wirst du EINES TAGES auch auf dem Mond spazieren."

Teste dich selbst!
Groß oder klein?

/10 **1 a)** Unterstreiche im Text alle Nomen und umkreise ihre Begleiter.

TEENAGER ENTDECKT HIMMELSKÖRPER

DER 15 JAHRE ALTE POLE PIOTR BEDNAREK INTERESSIERT SICH FÜR ASTRONOMIE UND SURFT IN SEINER FREIZEIT GERNE IM INTERNET. DESHALB HAT ER SICH AUCH AUF DEN SEITEN DER UNIVERSITÄT IN ARIZONA UMGESEHEN UND DIE AUFNAHMEN EINES TELESKOPS VERGLICHEN, DAS AUF DEM GIPFEL EINES HOHEN BERGES STEHT. DABEI IST IHM ETWAS AUFGEFALLEN – EIN NEUER HIMMELSKÖRPER! PIOTR WANDTE SICH AN DIE UNIVERSITÄT, DIE SEINE ENTDECKUNG BESTÄTIGTE. SEIN NEUER HIMMELSKÖRPER TRÄGT NUN DEN NAMEN 2005 QK76.

/5 **b)** Schreibe alle Nomen mit ihren Begleitern in der richtigen Groß- und Kleinschreibung in dein Heft.

/8 **2** Groß oder klein? Überlege, ob die Adjektive und Verben in Klammern im Satz zu Nomen werden und setze sie in der richtigen Schreibung in die Lücken ein.

Als Astronaut erlebt man viel _____ (aufregend).

Im All gibt es noch jede Menge _____ (neu) zu entdecken.

An Bord eines Spaceshuttles passiert einiges _____ (interessant).

Allerdings ist das _____ (arbeiten) als Astronaut sehr anspruchsvoll.

Wenn etwas _____ (überraschend) eintritt, muss man schnell reagieren.

In brenzligen Situationen ist es wichtig, das _____ (richtig) zu tun.

Beim _____ (vorbereiten) der Mission werden solche Situationen trainiert.

Denn eine _____ (gut) Vorbereitung ist für Astronauten enorm wichtig.

Gesamt: /23

Kommas in Aufzählungen und Satzreihen

Kommas in Aufzählungen und Satzreihen richtig setzen

Wenn man innerhalb eines Satzes Wörter oder Wortgruppen **aufzählt**, muss man sie durch ein **Komma** trennen.
- Vor **und** und **oder** steht in Aufzählungen **kein Komma**, z.B.:
  *Sie aßen, lachten, tanzten **und** gingen spät nach Hause.*
Wenn man zwei Hauptsätze miteinander verbindet, entsteht eine **Satzreihe**.
- Vor diesen Konjunktionen setzt man in der Satzreihe ein **Komma**:
  denn, doch, aber, sondern.
- Wenn Hauptsätze durch *und* oder *oder* verbunden werden, muss man kein Komma setzen, z.B.:
  *Möchtest du ins Kino gehen **oder** willst du lieber ins Theater?*

INFO

denn, doch, aber, sondern, und, oder nennt man auch **nebenordnende Konjunktionen**. Sie verbinden zwei gleichrangige Sätze. Die Wortstellung des zweiten Satzes wird nicht verändert.

1 Ergänze im folgenden Text alle fehlenden Kommas.

Achtung Fehler!

Wie sagt man der Queen „Guten Tag"?

Bei uns gibt man sich die Hand umarmt sich oder man drückt sich ein Küsschen auf die Wange. Aber es gibt noch viel mehr Möglichkeiten für die formvollendete Begrüßung, z.B. bei Hofe auf dem Surfbrett oder im fernen Asien.

2 Schreibe mit Hilfe der folgenden Sätze eine Kurzbeschreibung mit der Überschrift „Begrüßungen – ganz unterschiedlich" in dein Heft. Zähle dabei Wörter und Wortgruppen auf und setze die nötigen Kommas.

Pfadfinder	Besucher der englischen Königin
• reichen sich die linke Hand • heben rechte Hand auf Schulterhöhe • weisen mit drei Fingern nach oben • legen Daumen auf kleinen Finger	• sind sehr höflich • sind sehr zurückhaltend • machen als Frau einen Knicks • machen als Mann eine kleine Verbeugung

Begrüßungen – ganz unterschiedlich

Pfadfinder reichen sich die linke Hand, ...

TIPP

Bei Aufzählungen kannst du überflüssige Nomen streichen und Nomen, die sich wiederholen, durch **Pronomen** ersetzen, z.B.:
Der Mann hob zur Begrüßung den Hut. Der Mann setzte den Hut wieder auf. Der Mann lächelte.
→ *Der Mann hob zur Begrüßung den Hut, setzte **ihn** wieder auf und lächelte.*

3 Lies den Text. Verbinde immer zwei aufeinanderfolgende Sätze mit Hilfe von *sondern*, *denn* und *deshalb*. Setze nötige Kommas und schreibe den Text in deinem Heft neu auf.

Viele Ureinwohner Neuseelands drücken Stirn und Nase sanft aneinander. Sie wollen ihren Lebensatem austauschen. In Thailand möchte man oft seinen Respekt füreinander ausdrücken. Man hält aneinandergelegte Hände möglichst hoch am Oberkörper. Surfer geben sich nicht die Hand. Sie begrüßen sich mit geschlossener Faust, von der Daumen und kleiner Finger abgespreizt sind.

Richtig schreiben

Das Komma in Satzgefügen

INFO

weil, damit, wenn, sodass, als, bevor, obwohl nennt man auch **unterordnende Konjunktionen**. Sie verbinden zwei Sätze so, dass sich die Wortstellung im zweiten Satz ändert. Es entsteht ein Nebensatz, bei dem das Prädikat am Satzende steht.

Kommas in Satzgefügen richtig setzen

Die Verbindung von einem Hauptsatz und einem Nebensatz nennt man **Satzgefüge**.
- Vor diesen Konjunktionen setzt man ein **Komma**: *weil, damit, wenn, sodass, als, bevor, obwohl*, z.B.:
Wir begrüßen uns, **wenn** wir uns lange nicht gesehen haben.
Ich freute mich, **als** sie mir Blumen mitbrachte.

1 Ergänze im folgenden Text die fehlenden Konjunktionen und Kommas.

Begrüßung einmal im Jahr

Freudig begrüßen wir das neue Jahr _____ es bei uns zu Silvester Mitternacht wird. Wir feiern immer am 1. Januar _____ Papst Gregor der XIII. vor etwas mehr als 400 Jahren diesen Tag als Jahresanfang festgelegt hat.

Dieser Papst verwendete das Sonnenjahr mit zwölf Monaten und 365 Tagen _____ er seinen Kalender bestimmte.

2 *Wenn, sodass, weil* oder *damit*? Verbinde je zwei Sätze mit passenden Konjunktionen zu einem Satzgefüge. Schreibe in dein Heft und setze nötige Kommas.

In China feiert man Silvester Ende Januar oder Anfang Februar. Dort richtet man sich nach dem Mondkalender.

Ein Mondmonat hat ungefähr 29,5 Tage. Ein Mondjahr ist kürzer als ein Sonnenjahr.

Das chinesische Jahr wäre ständig zu kurz. Die Chinesen würden sich nur nach dem Mond richten.

Alle drei Jahre fügen die Chinesen einen Monat hinzu. Der Unterschied zum Sonnenjahr wird ausgeglichen.

In China feiert man Silvester Ende Januar oder Anfang Februar, weil …

3 Setze die fehlenden Kommas.

Wenn es zu Silvester 00:00 Uhr ist stoßen wir mit Sekt an. Dann gehen wir raus auf die Straße damit wir uns das Feuerwerk ansehen können. Unsere Katze bleibt so lange unterm Sofa weil sie Angst hat. Obwohl es meistens ziemlich kalt ist bleiben wir lange draußen.

Das Komma in Relativsätzen

Kommas in Relativsätzen richtig setzen

- Ein **Relativsatz** bestimmt ein Nomen im Hauptsatz näher, z. B.:
  Das ist der Film, der mir gut gefallen hat.
- Das **Komma** setzt man vor das Relativpronomen. Bei **eingeschobenen Relativsätzen** steht ein Komma vor und eins hinter dem Relativsatz, z. B.:
  Der Film, der mir gut gefallen hat, läuft im Kino nebenan.
- Manchmal steht vor dem Relativpronomen eine **Präposition**, z. B.:
  Das ist der Film, in dem ein berühmter Schauspieler die Hauptrolle spielt.
  Dann wird das **Komma vor die Präposition** gesetzt.

INFO

Relativpronomen sind z. B.: *der/die/das, welcher, jener.* Sie können in verschiedenen Fällen stehen, z. B.: *der, den, dem, denen, dessen,* z. B.: *Das ist der Nachbar, **der** nebenan wohnt. Das ist der Nachbar, **den** ich im Treppenhaus gegrüßt habe.*

1 Unterstreiche im folgenden Text alle Relativsätze und umkreise die Relativpronomen. Markiere mit einem Pfeil, auf welches Nomen sich der Relativsatz bezieht.

Einzigartige Stimme

Ein Pinguin, *der* seine Partnerin wiederfindet, begrüßt sie stets lautstark. Pinguin-Kolonien, in denen die schwarz-weißen Antarktisbewohner leben, können aus bis zu einer Million Tiere bestehen. Die Tiere, die irgendwie alle gleich aussehen, können sich am besten an der Stimmgewalt und den unterschiedlichen Lauten erkennen.

2 Im folgenden Text fehlen die Kommas.
   a) Unterstreiche die Relativsätze und umkreise die Relativpronomen.
   b) Schreibe den Text ab und setze die fehlenden Kommas.

Delfine die sich schon aus 600 Metern Entfernung hören erkennen einen einmal gehörten Artgenossen an seinem Pfiff wieder. Die Begrüßung die eigentlich unter Delfinen üblich ist ist das Aneinanderreiben der Brustflossen. Schwertwalgruppen denen andere Artgenossen im Meer begegnen verharren erst einmal einige Sekunden lang. Das Ritual mit dem sich diese Meerestiere dann begrüßen ist recht ungewöhnlich. Sie umschwimmen sich im Kreis und toben anschließend ausgelassen miteinander herum.

Delfine, die sich schon aus 600 Metern Entferung hören, erkennen einen einmal gehörten Artgenossen an seinem Pfiff wieder.

Teste dich selbst!
Mit Komma oder ohne?

/ 5

1 a) Lies den Text und überprüfe, ob an den markierten Stellen Kommas gesetzt werden müssen oder nicht. Setze die fehlenden Kommas.

Konnichiwa – Guten Tag!

Körperkontakt wird in Japan als etwas sehr Intimes angesehen ▌ deshalb begrüßen sich die Menschen nicht mit Umarmung oder Wangenkuss. Zur Begrüßung oder Verabschiedung gibt man sich auch nicht die Hand ▌ sondern man verbeugt sich voreinander. Die Hände liegen dabei auf den Oberschenkeln ▌ oder sie befinden sich leicht seitlich an den Oberschenkeln. Die Verbeugung ist ein Zeichen gegenseitiger Achtung ▌ und sie unterliegt strengen Regeln. Jüngere Menschen verbeugen sich gegenüber älteren Personen tiefer ▌ damit sie ihrem Respekt Ausdruck verleihen. Wenn ein Schüler einen Lehrer begrüßt ▌ muss er länger in der Verbeugung verharren. Ein direkter Blickkontakt wird vermieden ▌ da dieser von Japanern als unhöflich empfunden wird.

/ 7

b) Unterstreiche im Text alle Satzgefüge blau und alle Satzreihen rot.

/ 6

2 Verbinde jeweils zwei Sätze so, dass ein Satz mit einem eingeschobenen oder nachgestellten Relativsatz entsteht. Setze die nötigen Kommas.

In arabischen Ländern wird bei der Begrüßung meist einmal auf die eine und dann auf die andere Wange geküsst. Die Begrüßung ist ganz anders als in Japan.

In arabischen Ländern wird bei der Begrüßung, die

_____

Ältere Menschen küsst man auf die Hand. Die Hand berührt man mit der Stirn.

_____

_____

Das Küssen auf die Hand ist ein Ritual. Dieses Ritual wird der traditionellen Verbeugung hinzugefügt.

_____

_____

Gesamt: / 18

dass-Sätze bilden

Kommas in *dass*-Sätzen richtig setzen

Vor der Nebensatz-Konjunktion *dass* stehen häufig die Verben *sagen, wissen, glauben, hören, denken, finden, hoffen*, z. B.:
*Er findet, **dass** Computer zu einem modernen Unterricht dazugehören.*
Die Konjunktion *dass* leitet einen **Nebensatz** ein. Deshalb wird der *dass*-Satz durch ein **Komma** vom Rest des Satzgefüges abgetrennt.

TIPP

Wenn du dir nicht sicher bist, ob du *dass* oder *das* schreiben musst, dann prüfe: Kannst du *dieses* oder *welches* dafür einsetzen, schreibst du *das*. Ist dies nicht möglich, schreibst du *dass*.

1 In Norwegen brauchen einige Schülerinnen und Schüler vielleicht nie wieder einen Füller, Bleistift oder Kuli in die Hand zu nehmen. Schreiben erlernen sie von Anfang an am Computer.

Achtung Fehler!

a) Lies die Meinung der Schülerin. Setze die fehlenden Kommas.

Ich bin dafür dass Schreiben am Computer gelernt werden sollte. In den meisten Berufen wird doch vorausgesetzt dass man mit einem Rechner umgehen kann.

b) Forme die folgenden Hauptsatz-Paare in Satzgefüge um. Verwende dabei die Konjunktion *dass* und setze nötige Kommas.

Ich denke: Ab der 5. Klasse sollten alle Hefteinträge und Hausaufgaben am Computer erledigt werden.

Ich denke, dass ab der 5. Klasse alle Hefteinträge und Hausaufgaben am Computer erledigt werden sollten.

Es ist wichtig: Schreiben sollte man erst mit der Hand und dann am Computer lernen.

_____

_____

Man darf nicht vergessen: Manchmal gibt es einen Stromausfall und man kann Computer nicht nutzen.

_____

_____

Man hört regelmäßig: Der Computer motiviert viele zum Schreiben.

_____

_____

Ich finde: Der Computer kann niemals eine persönliche Handschrift ersetzen.

_____

_____

2 a) Bilde mit den Wortgruppen und Sätzen der linken und der rechten Spalte vier Satzgefüge, die mit der Konjunktion *dass* verbunden werden. Schreibe sie in dein Heft und setze die nötigen Kommas.

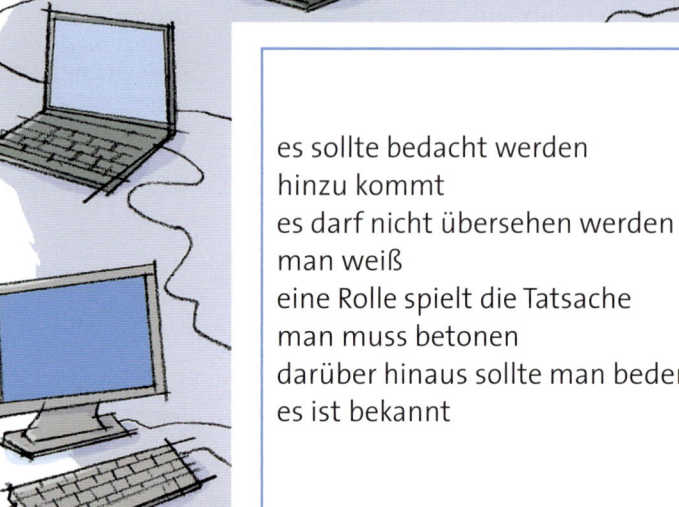

es sollte bedacht werden hinzu kommt es darf nicht übersehen werden man weiß eine Rolle spielt die Tatsache man muss betonen darüber hinaus sollte man bedenken es ist bekannt	Der Computer ist eines der beliebtesten Medien bei Jugendlichen. Der Computer erleichtert und beschleunigt Arbeitsprozesse. Vor zwanzig Jahren besaßen nur wenige Menschen einen Computer. Noch immer gehören Computer in vielen Ländern nicht zum Alltag. Durch Computer und Internet können sich Menschen weltweit vernetzen.

Es sollte bedacht werden, dass der Computer eines der beliebtesten Medien bei Jugendlichen ist.

b) Prüfe in jedem Nebensatz die Stellung des Prädikats. Unterstreiche das Prädikat.

3 a) Lies den Text.

Der Computer wird 30

„Altair 8800" – so hieß der erste Personal Computer – kurz PC. Große Ähnlichkeit mit unseren heutigen Computern hatte er allerdings noch nicht. Die Käufer mussten ihn noch selbst zusammenbauen. Außerdem hatte der „Altair 8800" weder einen Bildschirm noch eine Tastatur. Damit war der
5 erste PC nur etwas für echte Tüftler. Trotzdem kostete er stolze 400 Dollar und das ohne jedes Betriebssystem. Immerhin war der Altair der erste Computer, der nicht so groß war wie ein Kleiderschrank. Den endgültigen Durchbruch brachte dann der erste PC im Jahr 1981. Zu dieser Zeit begann auch in den Kinderzimmern langsam eine neue Zeit. Der berühmte
10 Heimcomputer „Commodore 64" wurde 20 Millionen Mal verkauft.

b) Gib die unterstrichenen Sätze oder Satzteile mit Hilfe von *dass*-Sätzen wieder. Schreibe in dein Heft und setze nötige Kommas. Diese Satzanfänge helfen dir dabei:

Es ist erstaunlich, dass ... / Es ist bekannt, dass ... / Man kann feststellen, dass ...

Es ist erstaunlich, dass die Käufer ihn noch selbst zusammenbauen mussten.

Teste dich selbst!
dass-Sätze bilden

1 Verbinde die Sätze aus der linken Spalte mit denen aus der rechten Spalte zu Satzgefügen. Verwende die Konjunktion *dass* und setze die nötigen Kommas.

/ 4

Viele denken.	Sie haben die richtigen Lottozahlen angekreuzt.
Einige vermuten.	Ohne Wasser wäre ein Leben auf der Erde nicht möglich.
Manche hoffen.	Der Mensch wird sich in Zukunft anders fortbewegen.
Man weiß.	Ein vierblättriges Kleeblatt bringt Glück.

Man weiß, dass ohne Wasser ein Leben auf der Erde nicht möglich wäre.

2 Überarbeite die folgende Zeitungsmeldung. Verbinde dabei jeweils zwei aufeinanderfolgende Sätze zu einem Satzgefüge mit einem *dass*-Satz. Schreibe in dein Heft und setze die nötigen Kommas.

/ 7

Gar nicht so klein

Die Eltern des kleinen Jack Neal aus Großbritannien waren eines Tages sehr erstaunt. Ihr dreijähriger Sohn konnte mit dem Computer offensichtlich sehr gut umgehen. Sie waren verwundert. Sie erhielten plötzlich eine Kaufbestätigung über einen italienischen Kleinwagen in Rosa. Es überraschte viele Leute. Der kleine Junge hatte anscheinend beim Ersteigern im Internet die „Sofort-Kaufen"-Funktion aktiviert. Die Mutter ärgerte sich. Sie hatte den Computer für kurze Zeit unbeaufsichtigt gelassen. Die Eltern waren dann sehr zufrieden. Sie konnten den Kauf rückgängig machen.

Die Eltern des kleinen Jack Neal aus Großbritannien waren eines Tages sehr erstaunt, dass ihr dreijähriger Sohn mit dem Computer offensichtlich sehr gut umgehen konnte.

Gesamt:

/ 11

Wörter ableiten

> **Die Ableitungsprobe**
>
> - Wenn du nicht sicher bist, wie ein Wort geschrieben wird (z. B. mit *e* oder *ä*, mit *eu* oder *äu*), dann suche ein verwandtes Wort, z. B.:
>   gel**ä**hmt → l**a**hm, das Geb**äu**de → b**au**en
> - Der **Wortstamm** wird bei allen Wörtern einer Wortfamilie gleich geschrieben, z. B.: be**wohn**en, **wohn**lich, die **Wohn**ung
> - Das **Suffix** (die Nachsilbe) steht am Ende eines Wortes, hinter dem Wortstamm. Es kann auf die Wortart eines Wortes hinweisen, z. B.:
>   **Nomen**: *-ung, -heit, -keit, -nis, -schaft, -tum*
>   **Adjektive**: *-ig, -lich, -isch, -sam, -bar, -haft*

1 Begründe die Schreibung der folgenden Wörter.

	Schreibung abgeleitet von diesem Wort:
die Dächer gefährlich geträumt die Anhäufung die Verständigung unschätzbar	*die Dächer – das Dach*

TIPP
Auch hier hilft dir die Ableitungsprobe, z. B.:
das Rätsel – raten.

2 *e* oder *ä*, *eu* oder *äu*? Fülle die Lücken aus.

Mona Lisa – r_ä_tselhaft und kurz verschwunden

Das Bild der Mona Lisa von Leonardo da Vinci gehört zu den großen R____tseln der Kunstgeschichte. Bis in die h____tige Zeit fragen sich Kunstkenner: Wer mag sie sein? Warum der verkl____rte Blick? Aber nicht nur das ____ßere Erscheinungsbild hat die Mona Lisa berühmt gemacht. 1911 gelang es einem R____ber, das Bild zu entwenden. Zwei Jahre danach musste er seine B____te wieder hergeben: Er wurde in Florenz gefasst. 1956 wurde die untere H____lfte des Bildes durch ein S____reattentat schwer besch____digt.

3 a) Bilde aus den folgenden Adjektiven Nomen, die auf *-heit*, *-keit* oder *-nis* enden. Schreibe sie mit ihren Artikeln in dein Heft.

klug – langsam – bitter – schön – finster – dunkel - faul

b) Bilde aus den folgenden Nomen Adjektive, die auf *-ig* oder *-lich* enden. Schreibe sie in dein Heft.

die Sonne – die Pflanze – der Wind – das Eis – der Sport – die Kraft

Wörter verlängern

Die Verlängerungsprobe

Am Wortende (im Auslaut) klingen *d – t*, *b – p* und *g – k* gleich. Wenn man Wörter mit diesen Lauten am Ende **verlängert** und deutlich spricht, hört man, welchen Buchstaben man schreiben muss, z. B.:
der Hun**d** – die Hun**d**e, das Zel**t** – die Zel**t**e, tau**b** – tau**b**e, plum**p** – plum**p**e, die Bur**g** – Bur**g**en, der Dan**k** – dan**k**en

INFO

So werden die Wortarten verlängert:
Bei **Nomen** bildet man den **Plural**, z. B.:
das Land – die Länder.
Bei **Verben** bildet man den **Infinitiv**, z. B.:
lebt – leben.
Adjektive steigert man oder verwendet sie mit einem Nomen, z. B.:
rund – runder, ein runder Ball.

1 Begründe die Schreibung der folgenden Verbformen mit Hilfe der Verlängerungsprobe. Schreibe in dein Heft.

*gi**b**t, bewe**g**t, stin**k**t, le**b**t, fra**g**t, len**k**t, fän**g**t, win**k**t, schwin**g**t*

z. B.: *gibt – geben, ...*

2 a) Bilde aus den Nomen mit Hilfe der Suffixe *-ig* oder *-lich* verwandte Adjektive.

das Jahr – der Nutzen – die Last – der Witz – der Schaden – der Geiz – der König

Adjektive mit *-ig*: _____

Adjektive mit *-lich*:   *jährlich*

INFO

Das Suffix *-ig* am Wortende wird oft wie *-ich* ausgesprochen, z. B.:
lustig („lustich"). Die Verlängerungsprobe kann helfen, die richtige Schreibweise zu finden, z. B.:
das lustige Kind.

b) Verwende jedes Adjektiv zusammen mit einem Nomen und schreibe die Kombination in dein Heft.

z. B.: *das Jahr – jährlich, die jährliche Abrechnung*

3 *d* oder *t*, *b* oder *p*, *g* oder *k*? Lies die Lückenwörter im folgenden Text deutlich vor und mache die Verlängerungsprobe. Welchen Buchstaben musst du einsetzen? Schreibe die gesuchten Buchstaben in die Lücken.

TIPP

verhüllt – ein verhülltes Auto

Verhüll*t*, verpack___, verschwunden

Christo und Jeanne-Claude sind als berühmtestes Künstlerehepaar der Gegenwar___ weltwei___ bekann___. Ihre Spezialitä___: einen Gegenstan___ oder ein Gebäude einzupacken. Nach langer Vorbereitun___ und einer hitzi___ geführten Debatte im ganzen Lan___ konnten Christo und Jeanne-Claude im Juni 1995 endlich den Berliner Reichsta___ verhüllen. Insgesam___ hatte es 23 Jahre gedauer___, bis dieses Projek___ endlich Gestal___ annahm. Über fünf Millionen Besucher sahen sich das Kunstwer___ an.

Richtig schreiben

Nomen erkennen

INFO

Begleitwörter für Nomen können sein: Artikel, Adjektive, Mengenangaben, Possessivpronomen, Demonstrativpronomen, z. B.:
die/eine/gute/ meine/diese Idee

Manche Nomen haben „versteckte" Artikel (*am = an dem*) oder brauchen einen gedachten Artikel (*Er liebt (die) Popmusik*).

Die Artikel- oder Pluralprobe

- Wörter, vor die man einen **Artikel** oder ein anderes Begleitwort setzen kann oder die man in den Plural (Mehrzahl) setzen kann, werden **großgeschrieben**. Es sind **Nomen**, z. B.:
Das brachte wirklich Spaß. → *der/ein/ großer Spaß, die Späße* (= Nomen)
- **Nominalisierte** Verben und Adjektive werden **großgeschrieben**. Oft erkennt man Nominalisierungen an einem Begleitwort, z. B.:
das Reiten, alles Schöne

1 a) Prüfe, welche der folgenden Wörter Nomen sind.
Am Zeilenende ist vermerkt, wie viele Nomen enthalten sind.
Unterstreiche sie und umkreise die Begleitwörter.

Beim spielen bekam er vom schiedsrichter die rote karte. (3)

Seine gegenspieler beschwerten sich beim trainer. (2)

Er entschuldigte sich für sein unfaires verhalten. (1)

Diese entschuldigung wurde von seinem publikum begrüßt. (2)

b) Schreibe die Sätze in der richtigen Groß- und Kleinschreibung auf.

_____

_____

_____

_____

2 a) Im folgenden Text sind 7 Nominalisierungen und 12 Nomen enthalten.
Unterstreiche die Nominalisierungen rot und die Nomen blau.

b) Umkreise die Begleitwörter.

DAS INTERESSANTE BEIM SPORTFEST WAREN DIE LAUFWETTBEWERBE. BEIM LAUFEN ERREICHTE BEN EINEN NEUEN SCHULREKORD. NUR BEIM FUSSBALL GESCHAH ETWAS SELTSAMES. ALLEIN DER WIND VOLLBRACHTE DAS ERSTAUNLICHE UND TRIEB DEN BALL INS TOR. FÜR DIE KLASSE 7A WAR DAS ERGEBNIS ZUM HEULEN. ABER DAS JUBELN DER GEWINNER WAR BIS ZUR STRASSE ZU HÖREN. SO VIEL ERFREULICHES HATTEN SIE NICHT ERHOFFT.

c) Schreibe den Text in der richtigen Groß- und Kleinschreibung in dein Heft.

Teste dich selbst!
Rechtschreibstrategien

1 Der folgende Text enthält acht Rechtschreibfehler. Am Zeilenende ist vermerkt, wie viele Fehler in der Zeile enthalten sind.

    a) Unterstreiche die fehlerhaften Wörter.   / 8

    b) Schreibe die Korrektur neben den Text an den Rand.   / 8

Sporttaschen – ein Heim für Tiere

In einem englischen Zoo erging es einem
Kängurubaby wie dem kleinen eisbären Knut. (1)
Es wurde von seiner Mutter verstoßen. Statt im
Beutel der Mutter wechst Billy nun in der (1)
Sporttasche der Zoodirektorin auf. Denn die hat
das kleine Känguru kurzerhant adoptiert. Seither (1)
trägt sie die Sporttasche samt Tierkint so oft wie (2)
möglich am Körper, um ein sicheres aufwachsen (1)
zu garantieren. Billy darf sogar bei ihr schlafen.
Ein halbes Jahr lang wird es dauern, bis das
Känguru groß genug ist, um alleine klarzu-
kommen. Einer rückkehr in den Zoo steht dann (1)
nichts mehr im wege. (1)

2 Begründe die Schreibung der folgenden Wörter anhand der Ableitungs- oder Verlängerungsprobe.   / 6

	Ableitungs- oder Verlängerungsprobe
bl<u>äu</u>lich	
die K<u>ä</u>lte	
gef<u>ä</u>hrlich	
der Win<u>d</u>hund	
schlä<u>g</u>t	
das Geschen<u>k</u>	

Gesamt: / 22

Teste dein Wissen!
Lernstandstest

1 Lies die folgende Erzählung, die du im Anschluss zusammenfassen sollst.

Paul Maar
Der Mann, der nie zu spät kam

Ich will von einem Mann erzählen, der immer sehr pünktlich war. Er hieß Wilfried Kalk und war noch nie in seinem Leben zu spät gekommen. Nie zu spät in den Kindergarten, nie zu spät zur Schule, nie zu spät zur Arbeit, nie zu spät zum Zug. Der Mann war sehr stolz darauf.

5 Schon als Kind war Wilfried regelmäßig eine halbe Stunde vor dem Weckerklingeln aufgewacht. Wenn seine Mutter hereinkam, um ihn zu wecken, saß er angezogen in seinem Zimmer und sagte: „Guten Morgen, Mama. Wir müssen uns beeilen."
Jeden Werktag, wenn der Hausmeister in der Frühe gähnend über den
10 Schulhof schlurfte, um das große Schultor aufzuschließen, stand Wilfried bereits davor.
Andere Kinder spielten nach der Schule Fußball und schauten sich auf dem Heimweg die Schaufenster an. Das tat Wilfried nie. Er rannte sofort nach Hause, um nicht zu spät zum Essen zu kommen.
15 Später arbeitete Wilfried in einem großen Büro in der Nachbarstadt. Er musste mit dem Zug zur Arbeit fahren. Trotzdem kam er nie zu spät. Er nahm den frühesten Zug und stand immer zwanzig Minuten vor der Abfahrt auf dem richtigen Bahnsteig.
Kein Arbeitskollege konnte sich erinnern, dass er jemals ins Büro
20 gekommen wäre und Wilfried Kalk nicht an seinem Schreibtisch gesessen hätte. Der Chef stellt ihn gern als gutes Beispiel hin.
„Die Pünktlichkeit von Herrn Kalk, die lobe ich mir", sagte er. „Da könnte sich mancher hier eine Scheibe abschneiden."
Deswegen sagten die Arbeitskollegen oft zu Wilfried: „Könntest du nicht
25 wenigstens einmal zu spät kommen? Nur ein einziges Mal?"
Aber Wilfried schüttelte den Kopf und sagte: „Ich sehe nicht ein, welchen Vorteil es bringen soll, zu spät zu kommen. Ich bin mein ganzes Leben lang pünktlich gewesen."
Wilfried verabredete sich nie mit anderen und ging nie zu einer
30 Versammlung. „Das alles sind Gelegenheiten, bei denen man zu spät kommen könnte", erklärte er. „Und Gefahren soll man meiden."
Einmal glaubte ein Arbeitskollege, er habe Wilfried bei einer Unpünktlichkeit ertappt. Er saß im Kino und schaute sich die Sieben-Uhr-Vorstellung an. Da kam Wilfried während des Films herein und tastete sich im Dunkeln durch
35 die Reihe.
„Hallo, Wilfried! Du kommst ja zu spät", sagte der Arbeitskollege verwundert. Aber Wilfried schüttelte unwillig den Kopf und sagte: „Unsinn! Ich bin nur etwas früher gekommen, um rechtzeitig zur Neun-Uhr-Vorstellung hier zu sein."

Ins Kino ging Wilfried sowieso sehr selten. Lieber saß er zu Hause im Sessel und studierte den Fahrplan. Er kannte nicht nur alle Ankunfts- und Abfahrtszeiten auswendig, sondern auch die Nummer der Züge und den richtigen Bahnsteig.

Als Wilfried fünfundzwanzig Jahre lang nie zu spät zur Arbeit gekommen war, veranstaltete der Chef ihm zu Ehren nach Dienstschluss eine Feier. Er öffnete eine Flasche Sekt und überreichte Wilfried eine Urkunde. Es war das erste Mal, dass Wilfried Alkohol trank. Schon nach einem Glas begann er zu singen. Nach dem zweiten Glas fing er an zu schwanken, und als der Chef ihm ein drittes Glas eingegossen hatte, mussten zwei Arbeitskollegen den völlig betrunkenen Wilfried heim- und ins Bett bringen.

Am nächsten Morgen wachte er nicht wie üblich eine halbe Stunde vor dem Weckerklingeln auf. Als der Wecker längst geläutet hatte, schlief er immer noch tief. Er erwachte erst, als ihm die Sonne ins Gesicht schien.

Entsetzt sprang er aus dem Bett, hastete zum Bahnhof. Die Bahnhofsuhr zeigte 9 Uhr 15. Viertel nach neun, und er saß noch nicht hinter seinem Schreibtisch! Was würden die Kollegen sagen? Was der Chef! „Herr Kalk, Sie kommen zu spät, nachdem wir Ihnen erst gestern eine Urkunde überreicht haben?!"

Kopflos rannte er den Bahnsteig entlang. In seiner Hast stolperte er über einen abgestellten Koffer, kam zu nahe an die Bahnsteigkante, trat ins Leere und stürzte hinunter auf die Schienen.

Noch während des Sturzes wusste er: Alles ist aus. Dies ist der Bahnsteig vier, folglich fährt hier in diesem Augenblick der 9-Uhr-16-Zug ein, Zugnummer 1072, planmäßige Weiterfahrt 9 Uhr 21. Ich bin tot!

Er wartete eine Weile, aber nichts geschah. Und da er offensichtlich immer noch lebte, stand er verdattert auf, kletterte auf den Bahnsteig zurück und suchte einen Bahnbeamten.

Als er ihn gefunden hatte, fragte er atemlos: „Der 9-Uhr-16! Was ist mit dem 9-Uhr-16-Zug?"

„Der hat sieben Minuten Verspätung", sagte der Beamte im Vorbeigehen.
„Verspätung", wiederholte Wilfried und nickte begreifend.

An diesem Tag ging Wilfried überhaupt nicht ins Büro. Am nächsten Morgen kam er erst um zehn Uhr und am übernächsten um halb zwölf.

„Sind Sie krank, Herr Kalk?", fragte der Chef erstaunt.

„Nein", sagte Wilfried. „Ich habe inzwischen nur festgestellt, dass Verspätungen manchmal recht nützlich sein können."

/2 **2** Wovon handelt die Erzählung? Lies die folgenden Formulierungen und kreuze die an, die du für zutreffend hältst.

☐ Wilfried Kalk ist sein ganzes Leben lang pünktlich, bis er eines Tages den Alkohol entdeckt und zum unpünktlichen Menschen wird.

☐ Wilfried Kalk ist sein ganzes Leben lang pünktlich, bis er durch ein folgenreiches Ereignis lernt, dass Unpünktlichkeit manchmal lebensrettend sein kann. Von diesem Tag an wird Kalk zu einem unpünktlichen Menschen.

☐ Der Held der Erzählung, Wilfried Kalk, ist ein pünktlicher Mensch. Er kommt nie zu spät, bis er eines Tages erkennt, welcher Gefahr er sich dadurch aussetzt. Von diesem Tag an ist Kalk unpünktlich.

/6 **3** Der Text lässt sich in folgende drei Abschnitte gliedern:
Abschnitt I: Z. 1 bis 43
Abschnitt II: Z. 44 bis 71
Abschnitt III: Z. 72 bis 76
Schreibe zu jedem Abschnitt eine passende Überschrift auf.

Abschnitt I: _____

Abschnitt II: _____

Abschnitt III: _____

/5 **4 a)** Formuliere eine Einleitung für deine Zusammenfassung. Beginne so:

Die Erzählung „Der Mann, der nie zu spät kam" von Paul Maar handelt von

_____

_____

_____

_____

b) Lies den Anfang des Hauptteils, mit dem deine Zusammenfassung beginnen könnte.

Wilfried Kalks Eigenschaft, nie zu spät zu kommen, entwickelt sich bereits im Kindergartenalter und zieht sich durch seine ganze Schulzeit und sein Berufsleben. Er hat eine Abneigung gegen alle möglichen Anlässe, zu denen man zu spät kommen kann, wie z. B. Verabredungen und Versammlungen. Dafür hat er eine Leidenschaft für Fahrpläne, die er mit Vergnügen auswendig lernt.
Eines Tages …

c) Schreibe den Hauptteil zu Ende. Verwende ein Extrablatt, falls du mehr Platz brauchst.   /10

d) Im Schlussteil nimmst du persönlich Stellung zum Text. Die folgenden Notizen enthalten Stichpunkte zum Schlussteil. Formuliere aus der Notiz, die deine Meinung zum Text am treffendsten wiedergibt, einen Schlussteil für deine Zusammenfassung in zwei bis drei Sätzen.   /5

- Erzählung unterhaltsam
- Kalk immer Angst vor Zuspätkommen, aber Verspätung rettet Leben → humorvoll

- Schluss überraschend
- Kalk krempelt komplett Leben um
- sieht ein: Pünktlichkeit nicht alles im Leben

- stimmt nachdenklich
- Regeln (z. B. Pünktlichkeit) eigentlich gut
- stur Regel folgen Unsinn, lieber selber mitdenken

5 a) Lies den Textausschnitt.

Später arbeitete Wilfried in einem großen Büro in der Nachbarstadt. (Subjekt und Prädikat) Er musste mit dem Zug zur Arbeit fahren. (adverbiale Bestimmung der Art und Weise) Trotzdem kam er nie zu spät. Er nahm den frühesten Zug und stand immer zwanzig Minuten vor der Abfahrt auf dem richtigen Bahnsteig. (Akkusativ-Objekt und adverbiale Bestimmungen des Ortes und der Zeit)

/ 3

b) Unterstreiche in jedem Satz die Satzteile, die in Klammern genannt werden.

6 a) Lies auch diesen Textausschnitt und untersuche, wie die Sätze gebaut sind.

Als Wilfried fünfundzwanzig Jahre lang nie zu spät zur Arbeit gekommen war, veranstaltete der Chef ihm zu Ehren nach Dienstschluss eine Feier. (1) Er öffnete eine Flasche Sekt und überreichte Wilfried eine Urkunde. (2) Es war das erste Mal, dass Wilfried Alkohol trank. (3) Schon nach einem Glas begann er zu singen. (4) Nach dem zweiten Glas fing er an zu schwanken. (5) Als der Chef ihm ein drittes Glas eingegossen hatte, mussten zwei Arbeitskollegen den völlig betrunkenen Wilfried heim- und ins Bett bringen. (6)

/ 6

b) Bei welchen der Sätze handelt es sich um einfache Hauptsätze und bei welchen um Satzgefüge? Trage die Nummern an der richtigen Stelle ein.

Hauptsatz: _____   Satzgefüge: _____

/ 3

c) Unterstreiche in allen Satzgefügen den Nebensatz und umkreise die Konjunktion.

/ 4

7 *Weil* oder *obwohl*? Verbinde jeweils zwei aufeinanderfolgende Hauptsätze zu einem Satzgefüge.

Der Chef stellte Kalk gern als gutes Beispiel hin. Kalk war die Pünktlichkeit in Person. Normalerweise lehnte Kalk Alkohol ab. Auf der Feier mit seinen Kollegen trank er gleich drei Gläser Sekt. Normalerweise war Kalk schon eine halbe Stunde vor dem Weckerklingeln wach. Am Tag nach der Feier verschlief er. Der 9:16-Uhr-Zug hatte sieben Minuten Verspätung. Kalk wurde nicht vom Zug überfahren.

_____

_____

_____

_____

8 a) Unterstreiche im folgenden Text alle Nomen blau und alle Nominalisierungen rot. Umkreise auch die Begleitwörter der Nomen und Nominalisierungen. ⬜ /9

DAS MERKWÜRDIGE AN KALK WAR SEINE ÜBERTRIEBENE PÜNKTLICHKEIT. NICHT NUR KANNTE ER ALLE ANKUNFTS- UND ABFAHRTSZEITEN DER ZÜGE, SONDERN ER VERBRACHTE GANZE ABENDE MIT DEM LESEN UND AUSWENDIGLERNEN VON FAHRPLÄNEN. EINES TAGES GESCHAH ETWAS SELTSAMES UND KALK HÖRTE PLÖTZLICH MIT DEM PÜNKTLICHSEIN AUF.

b) Schreibe den Text in der richtigen Groß- und Kleinschreibung ab. ⬜ /3

_____

_____

_____

_____

_____

_____

9 Fülle die Lücken in den folgenden Wörtern aus.

a) *eu* oder *äu*? Entscheide mit Hilfe der Ableitungsprobe. ⬜ /5

die F____chtigkeit, aufr____men, der L____chter, bed____ten, s____bern, anf____ern, n____nzig, sch____men, s____erlich, die Fr____ndlichkeit

b) *t* oder *d*? Entscheide mit Hilfe der Verlängerungsprobe. ⬜ /4

die Blin____schleiche, der Blu____egel, der Drah____esel, das Er____männchen, das Fel____huhn, die Lan____ratte, das Rin____vieh, der Schwer____fisch

10 *g* oder *k*? In den folgenden Überschriften sind vier Fehler versteckt. Suche und umkreise sie. ⬜ /4

Kalks Pünktlichkeit schläkt jeden!   Mergwürdiger Zwang zur Pünktlichkeit

Krankhafte Pünktlichkeit   Ein dengwürdiges Ereignis

Mann entgeht Zukunglück!   Erkenntnis auf der Bahnsteigkante

Kalk wagt Neubeginn   Werktags nie mehr pünktlich!

Gesamt: /64

Lernstandstest

Textquellenverzeichnis

S. 4 f. Ziegler, Reinhold: Der Mann auf dem Berg. Aus: Der Straßengeher. Gulliver Taschenbuch 850, © 2001 Beltz Verlag, Weinheim und Basel
S. 8 f. Hohler, Franz: Der alte Mann. Aus: Der Granitblock im Kino. Luchterhand Verlag, Darmstadt 1981
S. 21 f. © Michael Kindt: Die Reise der Kartoffel. Aus: www.esskultur.net/lm/kartoffeln.html vom 21.12.2003
S. 24 ebenda
S. 25 Kartoffelland Deutschland (Auszug). Aus: Statistische Ämter des Bundes und der Länder. www.statistik-portal.de/Statistik-Portal/de_jb11_jahrtab21.asp vom 22.5.2009
S. 26 f. Tolle Knolle/Inhaltsstoffe/Ernährungswissenschaftliche Bedeutung. Aus: Ministerium für Ernährung und Ländlichen Raum, Baden-Württemberg (MLR), Kernerplatz 10, 70182 Stuttgart http://www.landwirtschaft-mlr.baden-wuerttemberg.de/servlet/PB/show/1207036/Kartoffel%20-%20was%20ist%20drin.pdf vom 22.5.2009
S. 28 f. Goethe, Johann Wolfgang v.: Erlkönig. Aus: Deutsche Balladen, reclam 8501, Stuttgart 1967, S. 84/85
S. 31 Uhland, Ludwig: Die Rache. Aus: Deutsche Balladen, reclam 8501, Stuttgart 1967, S. 178/179
S. 34 Süße Überraschung (gekürzt). Nach: Wissen macht Ah! Verlag: Konradin Medien GmbH, Leinfelden-Echterdingen, 01/2008, S. 36
S. 38 Durch die Hitze des Tages (gekürzt). Nach: Geolino extra, Nr. 15 (Sport), Verlag Gruner + Jahr, Hamburg 2008, S. 30
S. 39 König der Lüfte (gekürzt). Nach: Geolino extra, Nr. 15 (Sport), Verlag Gruner + Jahr, Hamburg 2008, S. 29
S. 40 Vom Winde verweht. Nach: www.abendblatt.de Aus der Rubrik: Aus aller Welt. Axel-Springer-Verlag, Berlin vom 28.05.2008
S. 42 ff. Machen Tiere Urlaub?/Warum hat ein Zebra Streifen?/Können Tiere lachen? Nach: Wiesner, Henning: Müssen Tiere Zähne putzen? … und andere Fragen an einen Zoodirektor. Carl Hanser Verlag, München und Wien 2005
S. 45 Tierisch clever (gekürzt). Nach: Geolino 02/2009, Verlag Gruner + Jahr, Hamburg 2008, S. 31
S. 46 Allein im weiten Flur. Nach: Busch, Stephanie/Noller, Ulrich: Das Haus-Buch. Hier wohnt das Wissen der Welt. Bloomsbury Verlag, Berlin 2007, S. 12
S. 47 Der schwarze Peter, ein echter Räuber. Nach: Ebenda.
S. 48 Wo Tanzen Erleuchtung bringt. Nach: Geolino extra, Nr. 21 (Energie), Verlag Gruner + Jahr, Hamburg 2009, S. 24
S. 51 Warum ist Schnee weiß? Nach: Schulz, Börnie/Scheifinger, Anja: http://www.br-online.de/kinder/fragen-verstehen/wissen/2006/01261/
S. 52 Warum sind Autoreifen schwarz? Nach: Wissen macht Ah! Konradin Medien GmbH, Leinfelden-Echterdingen, 03/ 2008, S. 5
S. 53 Warum ist der rote Teppich rot? Nach: Wissen macht Ah! Konradin Medien GmbH, Leinfelden-Echterdingen, 10/2008, S. 6
S. 57 Schule auf dem Meeresgrund. Nach: Schmeling, Inka: Eine Schule auf dem Meeresgrund. Aus: http://www.geo.de/GEOlino/mensch/berufe/1342.html
S. 62 Teenager entdeckt Himmelskörper. Aus: http://www.geo.de/GEOlino/nachrichten/4368.html
S. 65 Einzigartige Stimme/Delfine. Nach: Busch, Stephanie/Noller, Ulrich: Das Haus-Buch. Hier wohnt das Wissen der Welt. Bloomsbury Verlag, Berlin 2007, S. 14
S. 68 Der Computer wird 30. Nach: http://www.geo.de/GEOlino/nachrichten/3314.html
S. 69 Gar nicht so klein. Nach: http://www.geo.de/GEOlino/nachrichten/51510.html
S. 70 Mona Lisa – rätselhaft und kurz verschwunden. Nach: Weißenborn, Sabine. Aus: www.wasistwas.de/sport-kultur/alle-artikel/artikel/link//86b3dd2db3/article/mona-lisa-eine-raetselhafte-dame.html
S. 71 Verhüllt, verpackt, verschwunden. Nach: Busch, Stephanie/Noller, Ulrich: Das Haus-Buch. Hier wohnt das Wissen der Welt. Bloomsbury Verlag, Berlin 2007, S. 213
S. 73 Sporttaschen – ein Heim für Tiere. Nach: http://www.geo.de/GEOlino/nachrichten/53089.html
S. 74 f. Maar, Paul: Der Mann, der nie zu spät kam. Aus: Maar, Paul: Der Tag, an dem Tante Marga verschwand und andere Geschichten © Oetinger Verlag, 1986, S. 83 – 88

Bildquellenverzeichnis

Titelfotos: Thomas Schulz, Teupitz
S. 21: © OKAPIA, Frankfurt am Main

Redaktion: Christina Nier, Kristina Weidemann

Bildrecherche: Angelika Wagener

Illustration: Christiane Grauert, Milwaukee

Umschlaggestaltung: Visuelle Gestaltung Katrin Pfeil, Mainz

Layout und technische Umsetzung: Annika Preyhs für Buchgestaltung +, Berlin

www.cornelsen.de

Die Webseiten Dritter, deren Internetseiten in diesem Lehrwerk angegeben sind, wurden vor Drucklegung sorgfältig geprüft. Der Verlag übernimmt keine Gewähr für die Aktualität und den Inhalt dieser Seiten oder solcher, die mit ihnen verlinkt sind.

1. Auflage, 8. Druck 2020

Alle Drucke dieser Auflage sind inhaltlich unverändert und können im Unterricht nebeneinander verwendet werden.

© 2010 Cornelsen Verlag, Berlin
© 2018 Cornelsen Verlag GmbH, Berlin

Das Werk und seine Teile sind urheberrechtlich geschützt. Jede Nutzung in anderen als den gesetzlich zugelassenen Fällen bedarf der vorherigen schriftlichen Einwilligung des Verlages.
Hinweis zu §§ 60 a, 60 b UrhG: Weder das Werk noch seine Teile dürfen ohne eine solche Einwilligung an Schulen oder in Unterrichts- und Lehrmedien (§ 60 b Abs. 3 UrhG) vervielfältigt, insbesondere kopiert oder eingescannt, verbreitet oder in ein Netzwerk eingestellt oder sonst öffentlich zugänglich gemacht oder wiedergegeben werden. Dies gilt auch für Intranets von Schulen.

Druck: Athesiadruck GmbH

ISBN 978-3-06-061815-6

PEFC zertifiziert
Dieses Produkt stammt aus nachhaltig bewirtschafteten Wäldern und kontrollierten Quellen.
www.pefc.de
PEFC/18-31-166

Lösungen Standard Deutsch 7   Arbeitsheft Basis

Literarische Texte zusammenfassen

SEITE 4

1 c)
- Wo spielt die Geschichte? auf einem Berg
- Welche Figuren kommen vor? ein Mann, ein Wanderer und seine Freunde
- Worum geht es (bis jetzt)? Ein Mann sucht die Einsamkeit und meditiert auf einem Berg. Er wird von einem Wanderer gestört. Der interessiert sich für den Mann und ruft seine Freunde herbei.

SEITE 5

1 d) *Mögliche Fragen könnten sein:*
Was ist in der Stadt vorgefallen?
Wie stellt sich der Mann seine Zukunft vor?

1 e) *Das könnte deine Antwort sein:*
Beine wie bei einer Brezel verschränkt

2 b)
- Honorar überweisen: Vergütung von Leistungen (Geld) überweisen
- Siebensachen packen: gesamte Habe (Habseligkeiten) packen

SEITE 6

2 c)
um einen Mann, der auf einen Berg steigt, um Ruhe zu finden, doch durch lärmende Neugierige gestört und schließlich vertrieben wird.

3 *Dies könntest du ankreuzen:*
- Ich möchte für immer hierbleiben und über das Leben nachdenken.
- Endlich weg von Lärm und Schmutz der Stadt fühle ich mich leicht und frei.

4 c) *Hier kannst du als Beispiel den Anfang eines solchen Briefes lesen:*
Liebe Sarah,
danke für deinen Brief. Er hat mich etwas aufgemuntert. Aber rate mal, was dann kam! Dieser Wanderer, der nicht aufhören wollte, mich auszufragen, hat auch noch seine Freunde geholt. Und die haben Berge von Essen mitgebracht, es ausgebreitet und dann schmatzten und schlürften sie. Es war grauenvoll, Sarah. Wie in der Stadt: laut und dreckig – der schöne Gipfel voller Müll. Ich werde wohl doch auf ein Dorf ziehen …

Eine Zusammenfassung schreiben

SEITE 7

1 *So könnten deine Sätze lauten:*
(3) Nach einer Weile fangen die Wanderer an, ihr mitgebrachtes Essen zu verzehren. Sie fordern ihn auf, mitzuessen. Der Mann auf dem Berg verzweifelt, weil er Ruhe und Stille suchte. Die Wandergruppe verschwindet.
(4) Dann taucht ein Hubschrauber auf. Fernsehleute steigen aus und wollen den Mann interviewen. Sie bieten ihm an, in einer Talkshow mitzumachen. Bald aber verschwinden sie wieder.
(5) Am nächsten Morgen wird auf dem Berg ein Geschäft eröffnet, in dem die Geschichte des Mannes zu Geld gemacht werden soll. Es werden Videos, Filme und Bilder von dem Mann auf dem Berg verkauft. Yoga-Kurse werden angeboten. Mehr als 1000 Besucher pro Tag kommen, um den Mann zu sehen und zu bestaunen.
(6) Der Mann flieht vor dem Trubel in die Stadt. In der Stadt lebt er wie alle anderen, mit Fernseher, Computer und Telefon. Aber niemand interessiert sich für ihn. Er ist sehr einsam und unglücklich.

2 a) *So könnte deine Einleitung lauten:*
In der Erzählung „Der Mann auf dem Berg" von Reinhold Ziegler geht es um einen Mann, der auf einen Berg steigt, um Ruhe zu finden. Doch durch lärmende Neugierige fühlt er sich gestört und wird schließlich vertrieben.

2 b) *So könnte dein Hauptteil lauten:*
Ein Mann zieht auf einen Berg, um zu meditieren. Ein Wanderer kommt und beginnt, ihn auszufragen. Die knappen Auskünfte, er lebe nur von Luft und Sonne und blicke nach Osten, begeistern den Fremden so, dass er seine Bekannten auffordert, zu kommen. Weitere Leute besuchen den Ort und versuchen, mit dem schweigenden Mann ins Gespräch zu kommen. Als der Mann um Ruhe bittet, setzen sie sich um ihn herum und versuchen, ebenfalls zu schweigen. Sie fangen an, ihr mitgebrachtes Essen zu verzehren. Der Mann auf dem Berg verzweifelt, weil er Ruhe und Stille suchte. Die Wandergruppe verschwindet. Doch stattdessen taucht die Presse auf und interviewt ihn. Am nächsten Morgen wird auf dem Berg ein Geschäft eröffnet, in dem die Geschichte des Mannes zu Geld gemacht werden soll. Mehr als 1000 Besucher pro Tag kommen, um den Mann zu sehen und zu bestaunen. Der Mann flieht in die Stadt. Dort lebt er wie alle anderen, mit Fernseher, Computer und Telefon. Aber niemand interessiert sich für ihn. Er ist unglücklich.

2 c) *So könnte dein Schluss lauten:*
Mir hat der Text sehr gut gefallen, da er auf eine lustige Weise das Problem beschreibt, in der heutigen Welt zur Ruhe zu kommen.

Teste dich selbst!
Einen literarischen Text zusammenfassen

SEITE 9

2 *So sollten deine Antworten lauten:*
1. **Wo?** Die Erzählung spielt im Haus eines alten Mannes, das sich in einem Wald befindet.
2. **Wer?** Hauptpersonen sind ein Wanderer, der sich verlaufen hat, und ein alter Mann.
3. **Worum geht es?** In der Erzählung geht es um einen Wanderer, der freundlicherweise von einem alten Mann über Nacht aufgenommen wird und diesem die Augen öffnet über seine wunderliche Gewohnheit, alles verkehrt herum zu tun.

3 *So solltest du die Sätze nacheinander nummeriert haben:*
3 – 6 – 4 – 5 – 2 – 1 – 7

4
Einleitung: Textart, Titel, Autor, Thema
Hauptteil: Hauptschritte der Handlung
Schluss: persönliche Meinung

Auswertung der Testergebnisse
13–12 Punkte
Sehr gut! Du weißt, worauf es beim Zusammenfassen von literarischen Texten ankommt.
11–7 Punkte
Das war schon ganz gut. Lies noch einmal die Informationen in den Merkkästen und notiere dir, worauf du in Zukunft besonders achten willst.
6–0 Punkte
Schau dir das Kapitel „Literarische Texte zusammenfassen" noch einmal genau an. Suche in deinem Lesebuch nach Erzählungen und bearbeite sie noch einmal mit einer Lernpartnerin/einem Lernpartner. Stelle W-Fragen und beantworte sie. Teile den Text in Abschnitte ein und suche passende Überschriften. Mach dir Notizen zu jedem Abschnitt.

Die Sprache im Bericht untersuchen

SEITE 10

1 a) *Diese Textstellen solltest du unterstrichen haben:*
Hi Lena, der Samstagabend war <u>einfach super</u>! Über 20 Auftritte gab es. Hannes hat mit seiner Trommelband getrommelt, da waren fast 20 Leute auf der Bühne, und alle mit den selbstgebauten Trommeln, <u>das war schon stark</u>. Der beste Auftritt des Abends! Alle haben <u>ewig gejohlt und geklatscht</u>. Die haben auch den ersten Preis <u>gemacht</u>. Ich habe mit Lotta gesungen, Dancing Queen, <u>puh, war ich aufgeregt</u>. <u>Echt cool</u> war auch Moritz mit seinem Diabolo. Beim Tanzen hat Sophia gewonnen. Aber <u>das ist o. k.</u>, sie war auch <u>echt gut</u>. Nächstes Jahr wieder, haben wir beschlossen, der Saal war <u>gerammelt voll</u> und es wurden 500 Euro gespendet<u>!!!</u> Ich seh dich, XX Mira

1 b)
Wer? alle Jugendlichen zwischen 12 und 14 Jahren
Was? Talentwettbewerb in verschiedenen Bereichen
Wann und Wo? Samstag, 20.3., 14:00 Uhr, Sporthalle Lessing-Schule
Warum? um Gelder für ein Kinderhospiz zu sammeln
Welche Folgen? Wiederholung im nächsten Jahr geplant

SEITE 11

2
1. Während der Vorführung herrschte gespannte Aufmerksamkeit.
2. Trotz eines kleinen Unfalls auf der Bühne blieben alle ruhig.
3. Alle Beteiligten freuten sich über die Einnahme von fast 500 Euro.

3 a)
In den Sätzen 2 und 4 werden Verben im Passiv verwendet.

3 b)
1. Der Talentwettbewerb am Samstag wurde von der Lessing-Schule organisiert.
2. Die Künstler verwöhnten das Publikum mit einem tollen Programm.
3. Alle wurden von den Kunststücken des Diabolo-Akrobaten Moritz B. überrascht.
4. Die Schule spendete alle Eintrittsgelder an ein Kinderhospiz.

Einen Bericht verfassen

SEITE 12

1 *Diese Überschriften könnten passen (die anderen beiden sind zu knapp oder zu lang):*
– Talentwettbewerb an Lessing-Schule
– Schule sammelt für Kinderhospiz

2 a) *So könnte deine Einleitung lauten:*
Am vergangenen Samstag fand ab 14:00 Uhr in der Sporthalle der Lessing-Schule ein Talentwettbewerb statt. Die Oberstufe der Schule hatte alle interessierten Jugendlichen zwischen 12 und 14 Jahren eingeladen, ihre besonderen Talente in den Bereichen Musik, Tanz oder Akrobatik vorzuführen.

2 b) *So könnte dein Hauptteil lauten:*
Über zwanzig Vorführungen fanden in der Sporthalle der Gesamtschule statt. Da konnte sich das Publikum über ein abwechslungsreiches Programm freuen. Besonders viel Beifall bekam eine Trommelgruppe. Über zwanzig Trommelspieler hatten sich mit ihren selbstgebauten Trommeln auf der Bühne versammelt. Diese Truppe gewann den ersten Preis im Bereich Musik. Aber auch all die anderen Künstler und Künstlerinnen gaben ihr Bestes. Der Wettbewerb fand statt, um Gelder für ein Kinder-Hospiz zu sammeln.

2 c) *So könnte dein Schluss lauten:*
Da die Halle bis auf den letzten Platz ausverkauft war, konnte die Schule über 500 Euro an das Hospiz spenden. Wegen des großen Erfolgs soll der Wettbewerb im nächsten Jahr wieder stattfinden.

3 a)

| 4 | 2 | 3 | 1 |

SEITE 13

3 b) *So könnten deine Sätze lauten:*
2. Moritz B. warf das Diabolo hoch in die Luft.
3. Das Diabolo fiel ins Publikum und dort einem Mann auf den Kopf.
4. Die Brille des Mannes zerbrach, was der Mann aber offensichtlich mit Humor nahm.

4 *So könntest du das Formular ausgefüllt haben:*

Unfallbericht		
1	Name, Vorname/Institution	Lessing-Schule Mitgliedsnummer 17649.9806543
2	Name(n), Vorname(n), Anschrift der verletzten Person(en)	Amber, Mattis Grasweg 12 44135 Dortmund
3	Wann ereignete sich der Unfall?	Datum: 20.3. Uhrzeit: 15:10 Uhr
4	Wo ereignete sich der Unfall?	Sporthalle der Lessing-Schule, Hof 12, 34117 Kassel
5	Bei welcher Tätigkeit ereignete sich der Unfall?	Vorführung während eines Talentwettbewerbs
6	Name(n), Vorname(n), Anschrift von Zeugen	Müller, Anita Bergweg 1 44536 Lünen
7	Welche Verletzungen oder Beschädigungen sind durch den Unfall eingetreten?	zerbrochene Brille
8	Unfallschilderung (ggf. mit Skizze, bitte auf gesondertem Blatt ergänzen) *Der Schüler Moritz Baltha führte auf der Bühne ein Kunststück mit seinem Diabolo vor. Er warf das Diabolo hoch in die Luft, um es anschließend wieder aufzufangen. Beim Zurückfallen fiel das Diabolo jedoch nicht wie geplant auf die Bühne, wo es Moritz B. eigentlich auffangen wollte, sondern ins Publikum. Dort traf es Mattis A. im Gesicht. Er blieb unverletzt, aber seine Brille zerbrach bei diesem Vorfall.*	
9	Ort, Datum, Unterschriften	Kassel, den 21.3.

Teste dich selbst!
Einen Bericht verfassen

SEITE 14

1 a)
Was? Wann und wo? Wie? Warum? Welche Folgen?

1 b) *Dies solltest du angekreuzt haben:*
Goldmedaille für Schulengagement

2 *So könnte dein Bericht lauten:*
Am Samstag, dem 3. Mai, fand in der Aula der Ludwig-Schule eine Preisverleihung statt. Der Dortmunder Schulförderverein e.V. vergab an die Ludwig-Schule in Dortmund die „Goldmedaille für Schulengagement" für ihr Projekt „Schüler helfen Schülern". Das Preisgeld betrug 500 Euro. Während der Feier in der Aula der Schule wurden alle Tutoren gewürdigt und der Preis wurde an die betreuende Lehrkraft überreicht. Der musikalische Beitrag des Schulorchesters bot einen feierlichen Rahmen. Anschließend gab es Kaffee und Kuchen für alle. Ausgezeichnet wurde die Idee, dass ältere Schüler jüngere Schüler beim Lernen unterstützen, indem sie eine Freistunde pro Woche für diese Nachhilfe „opfern". 21 Schülerinnen und Schüler der 9. und 10. Klassen der Ludwig-Schule in Dortmund gaben im Rahmen dieses Projektes Hilfestellung in den Fächern Mathe, Deutsch und Englisch.
Das Projekt war ein so großer Erfolg, dass benachbarte Schulen dem Beispiel bereits folgen.

> **Auswertung der Testergebnisse**
> **18–16 Punkte**
> Das war sehr gut! Du weißt, worauf es beim Verfassen eines Berichts ankommt.
> **15–10 Punkte**
> Das war schon ganz gut. Lies noch einmal die Informationen in den Merkkästen und notiere dir, worauf du in Zukunft besonders achten willst.
> **9–0 Punkte**
> Schau dir das Kapitel „Berichten" noch einmal genau an. Lies noch einmal alle Merkkästen im Kapitel genau. Schneide dann kurze Artikel und Nachrichten aus Zeitungen aus und übe die einzelnen Schritte. Gehe so vor, wie im Merkkasten auf S. 12 beschrieben.

Eine Argumentationskette entwickeln

SEITE 15

2 b)
Diese Äußerungen wenden sich gegen die Fastfood-Filiale: Anwohnerin, Vater, Schulleiter, Koch.
Diese Äußerungen begrüßen die Eröffnung: Schüler, Anwohner, Anwohner, Schülerin.

SEITE 16

3 a)

Pro: Ich bin für eine Eröffnung.	Kontra: Ich bin gegen eine Eröffnung.
eigene Entscheidungsfreiheit ist wichtig	Verschmutzung des Stadtbezirks durch Wegwerfverpackungen der Kette
viele Menschen wollen solch ein Essen (Warteschlange vor dem Tresen)	Erziehung zum umweltbewussten Umgang mit Müll wird erschwert
größere Auswahlmöglichkeiten an Restaurants	Schüler werden zum Verzehr des ungesunden Fastfoods verführt
preiswertes und gut schmeckendes Essen	Gefahr, dass Schulkantine schließt und Leute ihren Arbeitsplatz verlieren
bessere Qualität des Essens im Vergleich zu früher (Salate und Obst)	

3 b) *So könnte deine These lauten:*
Ich halte es für falsch, dass gerade gegenüber einer Schule ein Fastfood-Restaurant eröffnet wird.

4 a), b) und **c)** *So könnten deine Begründungen lauten:*
Ich bin gegen die Eröffnung des Restaurants,
1. weil der Stadtbezirk durch all den Müll verschmutzt würde.
2. weil durch das Drive-in das Unfallrisiko für unsere Kinder steigen würde.
3. denn die Schüler würden sicher nur das ungesunde Fastfood essen.

SEITE 17

5 a)
Das Müllaufkommen wird stark ansteigen. ♦ Die Fastfood-Kette arbeitet nur mit Wegwerfverpackungen. Jeder Mülleimer im Umkreis dieser Restaurants quillt über und Müll und Essensreste liegen herum.

Durch den Drive-in steigt das Unfallrisiko für unsere Kinder. ♦ In unserem Viertel fahren jetzt nur wenige Autos. Die Kinder spielen viel auf der Straße, fahren Fahrrad und Rollschuh.

Das Essen ist dort am billigsten. ♦ Das preiswerteste Essen ist immer noch billiger als ein Essen in der Kantine, und Schüler haben nun mal nicht viel Geld.

5 b) *So könnten deine Beispiele lauten:*
1. Fastfood-Kette arbeitet nur mit Wegwerfverpackungen; jeder Mülleimer im Umkreis dieser Restaurants quillt über; Müll und Essensreste liegen herum
2. vor dem Drive-in steht immer eine Autoschlange; so viele Autos würden sonst nicht in das Viertel kommen
3. viele aus meiner Klasse lieben Fastfood; sie würden eher dorthin gehen als in die Schulkantine

Den Hauptteil schreiben

SEITE 18

1 a) *So solltest du in die Randspalte geschrieben haben:*
These (Z.1)
Argument 1 (Z.2–3)
Argument 2 (Z.6–7)
Argument 3 (Z.10–12)

1 b) *Das solltest du unterstrichen haben:*
Zeilen 3–5, 7–9, 12–14

1 c) *Diese Wörter solltest du eingekreist haben:*
Außerdem; Ein weiteres Argument spielt ... eine große Rolle

2 *So könnte dein Hauptteil lauten:*
Ich bin gegen die Eröffnung des Restaurants, weil der Stadtbezirk durch all den Müll verschmutzt würde. Die Fastfood-Kette benutzt doch nur Wegwerfverpackungen. Jeder Mülleimer in der Nähe dieser Restaurants quillt über und Müll und Essensreste liegen herum.
Zu bedenken ist auch, dass durch den Drive-in viel mehr Autos auf den Straßen sein würden. Man muss sich nur einen Drive-in anschauen, es steht immer eine Autoschlange davor. Alle diese Autos würden ja sonst nicht in das Viertel kommen. Und Schüler achten nun einmal nicht so auf die Straße, wenn sie in Gruppen zusammen sind.
Am wichtigsten aber finde ich noch ein anderes Argument: Die Schüler würden sicher nur das ungesunde Fastfood essen. Viele aus meiner Klasse lieben dieses Essen. Würde ein Fastfood-Restaurant gegenüber der Schule stehen, würden sie eher dorthin gehen als in die Schulkantine.

Einleitung und Schluss schreiben

SEITE 19

1 a)
Begriffserklärung

1 b) *So könnten die Einleitungen lauten:*
A. In der Presse wird immer wieder berichtet, dass sich viele Menschen zu schlecht ernähren und deshalb dick und krank werden. Gerade Jugendliche wissen oft nicht, wie man sich richtig ernährt. Die Eröffnung eines Fastfood-Restaurants gegenüber einer Schule ...

B. Gegenüber unserer Schule soll ein Fastfood-Restaurant eröffnet werden. Im Moment diskutieren alle auf dem Schulhof, ob das gut oder eher schlecht ist.

2 *So könnte dein Schluss lauten:*
Ich bin strikt gegen die Eröffnung eines Fastfood-Restaurants gegenüber unserer Schule. In der Schule steht die Schulkantine mit gesundem und vollwertigem Essen zur Verfügung. Dorthin sollten die hungrigen Jugendlichen eher gehen als in ein weiteres Fastfood-Restaurant, das sie ja in der Stadt sowieso oft besuchen.

Teste dich selbst!
Schriftlich Stellung nehmen

SEITE 20

1 a) *So könnte dein Satz lauten:*
Ich denke, wir sollten mit dem Geld eine Patenschaft finanzieren.

1 b) und c) *So könnten deine stärksten Argumente lauten:*

Argument	Beispiel / Erklärung
(1) afrikanische Waisenkinder sind auf Hilfe der reichen Länder angewiesen	viele besuchen noch nicht einmal eine Schule
(3) wir können selbst auch etwas Wichtiges lernen: abgeben und verzichten	wir geben so viel Geld für Dinge aus, die wir nicht wirklich brauchen
(2) unsere Aktion könnte Vorbild für andere Klassen sein	Aktion „Sammeln für die Erdbebenopfer in Haiti" einer Klasse hat die ganze Schule angesteckt

2 *So könnte deine Einleitung lauten:*
In den letzten Wochen haben sich Prominente in den Medien verstärkt für Patenschaften über afrikanische Waisenkinder engagiert. Deshalb bin ich der Meinung, dass unsere Klasse das beim Wettbewerb gewonnene Geld einer Hilfsorganisation spenden sollte.

3 *So könnte dein Hauptteil lauten:*
Es gibt viele Kinder in Afrika, die noch nicht einmal eine Schule besuchen. Die afrikanischen Waisenkinder z.B. brauchen Geld von reicheren Ländern, damit ihnen der Schulbesuch ermöglicht wird. Darüber hinaus sollte man bedenken, dass wir damit auch für andere Klassen in unserer Schule Vorbild dabei sein würden, etwas für einen guten Zweck zu tun. Vielleicht lassen sich so andere Schüler anstecken und helfen auch mit. Im letzten Jahr hat z.B. eine Klasse damit begonnen, Geld für Erdbebenopfer in Haiti zu sammeln. Einen Monat später war die ganze Schule an der Spendenaktion beteiligt.
Nicht zu vergessen ist ein weiteres Argument: Wir haben selbst auch noch etwas von unserer Spende, denn so können wir lernen, dass wir auch an andere denken müssen. Oft geben wir unser Geld nur für unseren Luxus aus, den wir doch eigentlich gar nicht brauchen.

4 *So könnte dein Schluss lauten:*
Deshalb bin ich der Meinung, dass wir uns mit einer Hilfsorganisation in Verbindung setzen und das Geld für den Schulbesuch afrikanischer Waisenkinder spenden sollten. Sie brauchen unsere Hilfe am dringendsten.

Auswertung der Testergebnisse
25–23 Punkte
Sehr gut! Du weißt, worauf es bei der schriftlichen Stellungnahme ankommt.
22–14 Punkte
Das war schon ganz gut. Lies noch einmal die Informationen in den Merkkästen und notiere dir, worauf du in Zukunft besonders achten willst.
13–0 Punkte
Schau dir das Kapitel „Schriftlich Stellung nehmen" noch einmal genau an. Lies noch einmal alle Merkkästen im Kapitel genau. Suche Argumente zu den Themen „Schuluniform ja/nein" oder „Twittern – Zeitverschwendung?" und begründe deine Meinung mit Argumenten und Beispielen. Gehe so vor, wie in den Merkkästen auf S. 18 und 19 beschrieben.

Sachtexte erschließen

SEITE 21

1 b) *So könnte deine Antwort lauten:*
In dem Text geht es um die Kartoffel und die Frage, wie die Pflanze nach Europa kam.

SEITE 22

2 b) *Diese Überschriften könntest du ausgewählt haben:*
Abschnitt 1: Die Herkunft der Kartoffel
Abschnitt 2: Der Weg der Kartoffel nach Europa
Abschnitt 3: Der schwere Start der Kartoffel in Deutschland

3 b) *Diese Stichwörter solltest du notiert haben:*
– Abschnitt 1: Anden, Wildpflanzen, 8. Jt. v. Chr., Inkas, Kartoffelgöttin
– Abschnitt 2: 16. Jh., Europa, Produkt aus Neuer Welt, Zuchtpflanze, Delikatesse für Adlige
– Abschnitt 3: Friedrich II. erkannte Wert, kostenlos Saatkartoffeln, befahl Anbau, ließ Felder bewachen

4
– Menschen, die in den Anden die Urkartoffel anbauten
– gläubig, fromm
– vornehme Menschen, die gutes Essen schätzen

SEITE 23

5 *So sollten deine Antworten lauten:*
A Die Kartoffel kommt aus der Andenregion in Südamerika, dem Gebiet des heutigen Peru und Bolivien.
B Die Kartoffel ist rund 10 000 Jahre alt.
C Die Kartoffel ersetzte den Mais.
D Sie kam über Spanien und England nach Europa. Der spanische König erhielt sie mit indianischen Produkten.
E Die Kartoffel blühte prächtig und war eine Delikatesse.
F Den Menschen war die Kartoffel fremd. Sie wussten nicht, wie sie sie anbauen oder zubereiten sollten.
G Friedrich der Zweite setzte die Kartoffel durch, denn er gab den Befehl, sie anzubauen. Durch die Bewachung der Kartoffelfelder machte er die Menschen neugierig.

SEITE 24

6 b) *So könnten deine Überschriften lauten:*
Die Erfindung der Pommes Frites / Die Erfindung der Chips

6 c) und **d)** *Diese Fragen und Antworten könntest du notiert und markiert haben:*

Woher kommen die Pommes Frites?	◆ aus Belgien
Warum frittierten sie Kartoffeln?	◆ weil es sehr wenig Fisch gab
Wer erfand die Chips?	◆ George Crum
Warum erfand er sie?	◆ Beilage, dünner als Bratkartoffeln
Wie hießen sie anfänglich?	◆ Saragota Chips
Ab wann wurden Chips in Fabriken produziert?	◆ 1870

7 *So könnte deine Antwort lauten:*
Sowohl Pommes Frites als auch Chips bestehen aus Kartoffeln. Beide Produkte sind Zufallserfindungen, bei denen die Kartoffel in Fett ausgebacken, also frittiert, wird. Beide Produkte verbreiteten sich schnell und sind bis heute in vielen Ländern sehr beliebt. Beide werden in Fabriken produziert und sind leicht zuzubereiten bzw. servierfertig.

Tabellen erschließen

SEITE 25

1 *So könntest du geschrieben haben:*
Thema der Tabelle ist die landwirtschaftliche Produktion ausgewählter Bundesländer im Jahr 2008.

2
A Die meisten Kartoffeln, nämlich 5 257 000 Tonnen, wurden 2008 in Niedersachsen geerntet.
B Vermutlich fehlt ihnen die Anbaufläche für landwirtschaftliche Produkte.
C In Baden-Württemberg und Rheinland-Pfalz wird mehr anderes Gemüse angebaut.

Teste dich selbst!
Sachtexte und Diagramme erschließen

SEITE 26

2 *So solltest du angekreuzt haben:*
– sättigt: macht satt
– genügsam: anspruchslos
– Textilien: Stoffe
– karg: nährstoffarm

3 *Diese Wörter solltest du markiert haben:*
– sättigt, gesund, genügsam, mit großen Erträgen
– Grundnahrungsmittel und Rohstoff für Fertigprodukte, Industrieprodukte
– 2009 gentechnisch verändert, für die industrielle Verarbeitung
– weltweit 4000 verschiedene Kartoffelsorten

4 *So solltest du notiert haben:*
1. Grundnahrungsmittel
2. Rohstoff für Fertigprodukte
3. Stärkelieferant für Industrieprodukte

5 *So könnte deine Lösung lauten:*
Amflora ist eine gentechnisch veränderte Kartoffel. Sie wird nur für die Industrie genutzt. Sie ist kein Nahrungsmittel, man kann sie nicht essen. Mit ihr werden z. B. Reinigungsmittel, Waschpulver oder Kunst- und Baustoffe hergestellt.

SEITE 27

6 a) *So könnte deine Lösung lauten:*
Das Diagramm zeigt, dass die Kartoffel aus 80 % Wasser und 16 % Kohlenhydraten besteht. Und sie hat kein Fett. Die Inhaltsstoffe der Kartoffel sind also gesund, und da sie mit 80 % einen sehr hohen Anteil an Wasser hat, macht sie auch nicht dick.

6 b)
Rösti

Auswertung der Testergebnisse
20–19 Punkte
Das hast du sehr gut gemacht! Du weißt, worauf es bei der Erschließung von Sachtexten und Diagrammen ankommt.
18–11 Punkte
Das war schon ganz gut. Achte noch besser darauf, Texte und Tabellen genau zu lesen und zu betrachten. Kläre nach dem Lesen immer erst alle Wörter, die du nicht verstanden hast, durch Nachdenken, Nachfragen oder Nachschlagen, bevor du die Fragen beantwortest.
10–0 Punkte
Du musst noch üben. Lies noch einmal die Merkkästen im Kapitel genau. Schneide dann kurze Artikel und Tabellen aus Zeitungen aus und übe die einzelnen Schritte. Gehe so vor, wie in den Merkkästen auf S. 21 und 25 beschrieben.

Eine Ballade verstehen

SEITE 28

1 *Du solltest alle vier Merkmale angekreuzt haben.*

SEITE 29

2
– bang: ängstlich
– gülden Gewand: goldenes Kleid
– feiner Knabe: zarter, kleiner Junge
– Gestalt: Körper

3 *So könnte deine Lösung lauten:*
Strophe 1: Vater und Sohn reiten nach Hause
Strophe 2: Vater spürt Angst des Sohnes
Strophe 3: Erlkönig lockt mit Spiel und Reichtum
Strophe 4: Vater beruhigt den Sohn
Strophe 5: Erlkönig lockt mit Schönheit und Tanz
Strophe 6: Angst des Sohnes steigt
Strophe 7: Erlkönig droht mit Gewalt
Strophe 8: Vater erreicht mit dem toten Kind das Zuhause

Die Sprache einer Ballade untersuchen

SEITE 30

1
– Anzahl der Strophen: 8
– Anzahl der Verse pro Strophe: 4
– Reimform: Paarreime

2 *So könnte deine Antwort lauten:*
Hinweise im Text: Nacht, Wind (Vers 1), ein Nebelstreif (Vers 8), in dürren Blättern (Vers 16), die alten Weiden (Vers 24)

Die Ballade spielt nachts. Der Vater reitet mit dem Kind vermutlich in der Nähe eines Flusses oder Sees (Weiden, Nebelstreif) durch den Wald. Da die Blätter dürr, also trocken, sind, ist es wahrscheinlich Herbst. Im Herbst wird es früh dunkel, die beiden kommen vielleicht gar nicht so spät nach Hause, aber es ist schon dunkel.

3 a)

Sohn	Wahrnehmung	Vater
Siehst ... du den Erlkönig nicht?	Sehen	... es ist ein Nebelstreif.
Was Erlenkönig mir leise verspricht?	Hören	In dürren Blättern säuselt der Wind.
... Erlkönigs Töchter am düstern Ort?	Sehen	Es scheinen die alten Weiden so grau.

3 b) *Dies könntest du geschrieben haben:*
Der Vater möchte das Kind mit seinen rationalen / logischen Erklärungen beruhigen, ihm die Angst nehmen, aber es gelingt ihm nicht.

Teste dich selbst! Merkmale einer Ballade untersuchen

SEITE 31

1 *So solltest du angekreuzt haben:*
Hain: kleiner Wald   frank: offen, freimütig
Leib: Körper   sprengen: reiten
Ross: Pferd   Strom: der Rhein

2 *So sollte deine Antwort lauten:*
Die Ballade heißt „Die Rache", weil das Verbrechen des Knechtes gerächt wird. Der Knecht bringt seinen Herrn um, weil er dessen Stelle einnehmen will. Aber das Pferd des Herrn wirft ihn ab und wegen der schweren Rüstung, die er nun trägt, ertrinkt er im Rhein.
Die Lehre der Ballade könnte lauten: Bleibe bescheiden. / Dein Verbrechen wird bestraft. / Wenn du einen Platz nicht ehrlich erwirbst, wirst du ihn nicht einnehmen können. / Du darfst dir nicht ungestraft den Platz eines anderen nehmen.

3
aabb Paarreim

4 *So solltest du begründen:*
Es gibt zwar keine wörtliche Rede im Text und die Hauptfigur meistert die Situation nicht, aber es wird ein ungewöhnliches und dramatisches Ereignis in Strophen und Versen beschrieben. Deshalb kann der Text als Ballade bezeichnet werden.

> **Auswertung der Testergebnisse**
> **14 – 13 Punkte**
> Sehr gut! Du kennst dich mit Balladen aus.
> **12 – 8 Punkte**
> Schau dir noch einmal genau an, an welchen Stellen du Fehler gemacht hast. Kläre nach dem Lesen immer erst alle Wörter, die du nicht verstanden hast, durch Nachdenken, Nachfragen oder Nachschlagen.
> **7 – 0 Punkte**
> Du musst noch üben. Suche in deinem Lesebuch nach Balladen und bearbeite sie noch einmal mit einer Lernpartnerin/einem Lernpartner. Achte auf wörtliche Rede, auf die Reimform und auf die Anzahl der Strophen und Verse. Mach dir Notizen zum Inhalt der Ballade.

Nomen und Pronomen verwenden

SEITE 32

1
_____ = rot (Personalpronomen)
.... = grün (Possessivpronomen)

Heute haben wir Glück gehabt
An der Willy-Hellpach-Schule in Heidelberg haben Schülerinnen und Schüler ein neues Fach in ihrem Stundenplan stehen: Glück. Es heißt eigentlich „Lebenskompetenz", aber im Unterricht dreht sich alles um die Frage, wie man in seinem Alltag ein glücklicher und ausgeglichener Mensch werden kann. Um ihrem Glück auf die Sprünge zu helfen, spielen die Schülerinnen und Schüler gemeinsam Theater und ein Motivationstrainer vermittelt ihnen, wie sie positives Denken lernen können. Wer sein Glück prüfen will, kann das Fach auch für das Abitur wählen. Hier gibt es fürs Glück tatsächlich gute und schlechte Noten.

2
An der Schule gibt es das neue Fach Glück. **Das** heißt eigentlich „Lebenskompetenz". Eigentlich heißt das neue Fach Lebenskompetenz. In **diesem** dreht sich alles um die Frage, wie man in seinem Alltag ein glücklicher und ausgeglichener Mensch werden kann.
Die Schülerinnen und Schüler haben auch einen Motivationstrainer. **Dieser** vermittelt ihnen, wie sie positives Denken lernen können.
Glück kann als Abiturprüfungsfach gewählt werden. In **diesem** gibt es fürs Glück tatsächlich gute und schlechte Noten.

Adjektive verwenden

SEITE 33

1 a)
In dem Gedicht wird das Gefühl „Glück" umschrieben.

1 b)
launisch unbeständig unberechenbar
flüchtig zerbrechlich lästig

2 a)
ein **unbeständiges** Wetter, ein **unberechenbares** Risiko, eine **flüchtige** Begrüßung, eine **launische** Freundin, eine **lästige** Fliege

2 b) *So könnte deine Lösung lauten:*
zerbrechlich, zerbrechlicher, am zerbrechlichsten

3

Positiv	Komparativ	Superlativ
schwierig	schwieriger	am schwierigsten
klein	kleiner	am kleinsten
gut	besser	am besten

4
– die Angst: schrecklich, unangenehm, furchtbar, gemein
– die Liebe: endlos, wunderbar, bedingungslos, tief

Mit Verben Zeitformen bilden

SEITE 34

1 a) und b)

Süße Überraschung
In chinesischen Restaurants **bekommt** man als Gast <u>fast immer</u> einen Glückskeks, der eine kleine Botschaft auf einem Zettel **enthält**. Ob es sich bei dem Gebäck um einen echten chinesischen Glücksbringer **handelt**, **ist** allerdings <u>bis heute</u> ungewiss. <u>Nach einer alten Legende</u> **versteckten** Widerstandskämpfer <u>im 13. Jahrhundert</u> ihre geheimen Botschaften in Kuchen. <u>Heute</u> **weiß** man immerhin, dass ein Japaner in Amerika <u>1909</u> die Idee **aufgriff** und Kekse mit Glückssprüchen **verteilte**. <u>Im heutigen China</u> **stecken** viele Chinesen Botschaften oder Geldscheine in rote Tütchen und **verschenken** diese. <u>Einer alten Geschichte zufolge</u> **vertrieb** man <u>vor langer Zeit</u> den Dämon Nian durch rote Farbe, Lärm und Laternen.

2

Früher glaubten die Menschen an übernatürliche Kräfte.	Präteritum
Heutzutage gibt es diesen Glauben nur noch vereinzelt.	Präsens
Vorher hatten sich die Menschen z. B. vor schwarzen Katzen gefürchtet.	Plusquamperfekt
Glücksbringer spielen auch heute noch eine wichtige Rolle.	Präsens

Aktiv und Passiv verwenden

SEITE 35

1 *So könnte deine Beschreibung lauten:*
Am Anfang werden Mehl, Öl, Zucker und Eier in einer Rührschüssel gemischt. Anschließend wird der Teig in runde Backformen gefüllt. Danach werden die Kekse in einem Spezialofen gebacken. Dann wird in die noch weichen Kekse ein Zettel mit einem Glücksspruch gelegt. Im Anschluss wird der Keks in der Mitte zusammengefaltet und zu einem Halbmond geformt. Am Ende werden die Kekse an der Luft in einer speziellen Halterung getrocknet.

SEITE 36

2
Das Lieblingslied wird gespielt. → Das Radio spielt das Lieblingslied.
Die Zeitung wird pünktlich geliefert. → Der Zeitungsbote liefert die Zeitung pünktlich.
Der Lieblingsfilm wird gezeigt. → Das Kino zeigt den Lieblingsfilm.
Das Finale wird gewonnen. → Die Lieblingsmannschaft gewinnt das Finale.
Leben auf dem Mars wird entdeckt. → Physiker entdecken Leben auf dem Mars.
Ein Schiffbrüchiger wird gerettet. → Der Ozeandampfer rettet einen Schiffbrüchigen.
Das Geheimnis von Loch Ness wird gelüftet. → Wissenschaftler lüften das Geheimnis von Loch Ness.
Der höchste Gipfel wird erreicht. → Bergsteiger erreichen den höchsten Gipfel.
Der Mathematikwettbewerb wird gewonnen. → Schüler gewinnen den Mathematikwettbewerb.

Teste dich selbst! Wortarten/Aktiv und Passiv verwenden

SEITE 37

1 *So könnte deine Lösung lauten:*
– Nomen: das Pech, das Glück, der Freitag
– Adjektive: schlimm, alt, groß
– Verben: gelten, geben, haben
– Artikel: der, ein, die
– Pronomen: es, ihr, ihnen
– Präpositionen: an, in, im

2
– Viele Menschen suchen das große Glück. → Aktiv
– Das Glücksgefühl wird durch Lachen gefördert. → Passiv
– Auch das Denkvermögen wird dadurch angekurbelt. → Passiv
– Glücksforscher untersuchen die Wirkung des Lachens. → Aktiv
– Das große Glück wird von vielen Menschen gesucht. → Passiv
– Die Wirkung des Lachens wird erforscht. → Passiv
– Ausgiebiges Lachen fördert das Glücksgefühl. → Aktiv
– Häufiges Lachen kurbelt das Denkvermögen an. → Aktiv

> **Auswertung der Testergebnisse**
> **17–16 Punkte**
> Gut gemacht! Du kennst dich mit den Wortarten und den Zeitformen des Verbs gut aus und beherrschst die Unterscheidung zwischen Aktiv und Passiv.
> **15–10 Punkte**
> Das war schon ganz gut. Überprüfe, an welchen Stellen du noch Fehler machst. Arbeite die entsprechenden Bereiche im Kapitel noch einmal durch und präge dir das Wissen aus den Merkkästen gut ein.
> **9–0 Punkte**
> Du musst noch üben. Lies dir die Merkkästen im Kapitel erneut aufmerksam durch und markiere wichtige Informationen. Wiederhole die Übungen zu deinen Fehlerschwerpunkten. Beantworte anschließend noch einmal die Testfragen gemeinsam mit einer Lernpartnerin/einem Lernpartner. Erklärt euch gegenseitig die Lösungen.

Satzglieder bestimmen

SEITE 38

1 b)

Durch die Hitze des Tages
Schlangen in der Wüste sind grundsätzlich keine Seltenheit. → Was? (Subjekt)
Aber nur einmal im Jahr windet sich ein ganz besonderes Exemplar durch die marokkanische Sahara: → Was geschieht? (Prädikat)
Seit 1986 wollen Extremsportler aus aller Welt beim „Marathon des Sables" den Sieg erringen. → Wer? (Subjekt), Was? (Akkusativ-Objekt)
Die Sportler müssen innerhalb von sieben Tagen bei Temperaturen von bis zu 40 Grad sechs Etappen absolvieren. → Was? (Akkusativ-Objekt)
Hierbei müssen sie Tages-Teilstücke zwischen 20 und 40 km Länge meistern. → Was? (Akkusativ-Objekt)
Verpflegung und ihre gesamte Ausrüstung müssen die Sportler mit sich tragen. → Wer? (Subjekt)
Ihnen werden lediglich Wasser und ein Zelt zur Verfügung gestellt. → Wem? (Dativ-Objekt)

2 a)
Der Wüstenmarathon bedeutet vielen Sportlern alles.

2 b)
Vielen Sportlern bedeutet der Wüstenmarathon alles.

Adverbiale Bestimmungen verwenden

SEITE 39

1 a) und b)

König der Lüfte
Aufgrund von Höhenangst (Warum? → AB zum Grund) spüren viele Menschen gerne (Wie? → AB zur Art und Weise) den Boden unter den Füßen. Das gilt nicht für den französischen Fallschirmspringer Michel Fournier, denn er hat vor, aus 40 Kilometer Höhe (Woher? → AB zum Ort) abzuspringen. Selbst große Düsenflugzeuge fliegen in einer Reisehöhe von nur zehn Kilometern (Wo? → AB zum Ort).

Der 64-Jährige will mit Hilfe eines Ballons (Womit? → AB zur Art und Weise) die Absprunghöhe erreichen und erst nach fünfeinhalb Minuten (Wann? → AB zur Zeit) seinen Schirm öffnen. Mit etwas Glück (Womit? → AB zur Art und Weise) wäre Fournier dann gleich mehrfacher Weltrekordler. Er hätte dann nicht nur den Sprung aus der größten Höhe überlebt, sondern auch den schnellsten Fall. Im Mai 2008 (Wann? → AB zur Zeit) soll das lebensgefährliche Experiment in Kanada (Wo? → AB zum Ort) starten.

2 a) und b)
Er will seinen Schirm öffnen. (Wann? → AB zur Zeit) Er will seinen Schirm erst nach fünfeinhalb Minuten öffnen.
Das Experiment soll durchgeführt werden. (Wann? → AB zur Zeit, Wo? → AB zum Ort) Im Mai 2008 soll das Experiment in Kanada durchgeführt werden.
Viele Menschen spüren gerne den Boden unter den Füßen (Warum? → AB zum Grund) Viele Menschen spüren aufgrund von Höhenangst gerne den Boden unter den Füßen.

SEITE 40

4 b)
OTTAWA (Kanada). Gestern ist der französische Abenteurer Michel Fournier (64) mit seinem Weltrekordversuch gescheitert. Aus 40 Kilometer Höhe wollte er mit einem Fallschirm abspringen und die Schallmauer durchbrechen. Kurz vor dem Start löste sich bei dem Experiment der Heliumballon und flog davon. Seinen großen Traum konnte der Franzose somit nicht verwirklichen. Über einen neuen Start äußerte er sich bisher nicht.

Teste dich selbst! Satzglieder bestimmen

SEITE 41

1

– Eine Französin (S) reiste (P) mit ihrem Surfbrett (AB) über den indischen Ozean (AB).
– Nachts (AB) schlief (P) sie (S), tagsüber (AB) surfte (P) sie (S).
– Nach 6300 Kilometern und 60 Tagen (AB) erreichte (P) sie (S) die Insel La Réunion (O).
– Im Hafenort Le Port (AB) bereitete (P) man (S) ihr (O) ein großes Willkommensfest (O).

2

Torjagd unter dem Eis
Unter dem österreichischen Weißensee (**Ort**) findet jedes Jahr (**Zeit**) ein ganz besonderes Eishockey statt. Mit Hilfe von Schwimmflossen (**Art und Weise**) jagen die Hockeyspieler unter dem Eis (**Ort**) dem Puck hinterher. Zum Luftschnappen (**Grund**) tauchen die Spieler alle 30 Sekunden (**Zeit**) auf.

Auswertung der Testergebnisse

25–23 Punkte
Das hast du sehr gut gemacht! Du kannst Satzglieder sicher bestimmen.

22–13 Punkte
Überprüfe, beim Bestimmen welcher Satzglieder du noch unsicher bist. Lies in den Merkkästen noch einmal nach, mit Hilfe welcher Fragewörter du die jeweiligen Satzglieder erfragen kannst. Präge dir die entsprechenden Fragen und die Begriffe für die einzelnen Satzglieder gut ein.

12–0 Punkte
Du musst das Bestimmen von Satzgliedern noch üben. Arbeite hierfür das Kapitel erneut gründlich durch. Lies die Merkkästen und unterstreiche die Namen der Satzglieder und die Fragen, mit denen du die Satzglieder erfragen kannst. Wiederhole die Übungen zu den Satzgliedern. Beantworte anschließend nochmals die Testfragen. Notiere dabei die Fragen, mit deren Hilfe du die jeweiligen Satzglieder bestimmt hast, in dein Heft.

Sätze verbinden

SEITE 42

1 a), b) und **c)** *Diese Konjunktionen könntest du einsetzen:*

Machen Tiere Urlaub?
Viele Tiere können auf eine Auszeit verzichten, **weil** (= Nebensatz-Konjunktion) sie im Normalfall keine anstrengenden Pflichten haben. Das ist bei Arbeitstieren etwas anderes. Elefanten in Indien zum Beispiel verstehen keinen Spaß, **wenn** (= Nebensatz-Konjunktion) es um ihren Feierabend geht. Ihr Tagesablauf ist auf die Minute geregelt, **sodass** (= Nebensatz-Konjunktion) sich Arbeits- und Ruhephasen angemessen abwechseln. Morgens um vier holt ein Arbeiter die Elefanten aus dem Dschungel, er füttert sie **und** (= Hauptsatz-Konjunktion) er badet sie. Dann wird bis um zehn gearbeitet, **denn** (= Hauptsatz-Konjunktion) anschließend wird die Sonne zu heiß.

2 *So könntest du die Sätze verbinden:*
Die heiße Mittagshitze wird vermieden, **indem** die Elefanten bis zwei oder vier Uhr nachmittags eine Siesta halten. Danach langt der Elefant noch einmal richtig zu, **bevor** er dann in seinen wohlverdienten Feierabend gehen kann. Die Elefantenführer halten sich peinlich genau an den vereinbarten Wochenablauf, **denn** sie sind von der Arbeitskraft ihrer Elefanten abhängig.

SEITE 43

3
Mit den Streifen ist das Zebra bestens getarnt. Die Streifen sind sehr auffällig. (konzessiv) → Obwohl die Streifen sehr auffällig sind, ist das Zebra mit ihnen bestens getarnt.
In Afrika fängt die Luft zu flirren an. Der Boden wird immer heißer. (kausal) → In Afrika fängt die Luft zu flirren an, weil der Boden immer heißer wird.
Die Umrisse des Zebras verschwinden. Die flirrende Luft steigt auf. (temporal) → Die Umrisse des Zebras verschwinden, wenn die flirrende Luft aufsteigt.

4 *So könnten deine Sätze lauten:*
Trotz der einheitlichen Streifen sieht jedes Zebra anders aus. → Obwohl die Streifen einheitlich sind, sieht jedes Zebra anders aus.
Durch ihr besonderes Fell sind viele andere Tiere in der Wildnis geschützt. → Viele andere Tiere sind in der Wildnis geschützt, weil sie ein besonderes Fell besitzen.

Relativsätze verwenden

SEITE 44

1

Können Tiere lachen?
Tiere, (die) gackern oder wiehern, scheinen sich wie Menschen über etwas zu freuen. Doch nur der Schimpanse, (der) wie der Mensch über Lachmuskeln verfügt, kann das Gesicht zu einem Lachen verziehen. Hierbei können Schimpansen herzhaft quieken, sich den Bauch halten und über etwas lachen, (das) ihnen Freude bereitet hat.

2 a) und **b)**
Delfine, (die) vergnügt vor sich hin quieken, verständigen sich eigentlich über hundert Seemeilen mit ihren Artgenossen.
Orang Utans, (die) unsere nächsten Artverwandten sind, können die Gesichtszüge ihres Gegenübers nachahmen.
Hunde, (die) ihre Zähne zeigen und zu lächeln scheinen, erhoffen sich dadurch nur eine leckere Belohnung.
Viele Haustiere, (die) lustig und verspielt sind, scheinen Sinn für Humor zu haben.
Schadenfreude, (die) für den Menschen typisch ist, ist aber bei keinem Tier bekannt.

Teste dich selbst!
Sätze verbinden/Relativsätze verwenden

SEITE 45

1 a)

Tierisch clever
Wüstenfüchse haben lange Ohren, **damit** sie die Affenhitze besser aushalten. Der Körper kühlt nämlich ab, **wenn** sie die Riesenlauscher in den Wind halten. Am Kopf von Schneehasen lugen dagegen nur daumengroße Ohren aus dem Fell, **denn** im bitterkalten Eis verlieren sie so weniger Wärme. US-Forscher fanden heraus, **dass** regelmäßiges Sonnenbaden den Wüstenfüchsen die Ohren langzieht. Diese werden immer länger, **weil** die hohen Temperaturen wie ein Wachstumsmittel wirken.

1 b)
Am Kopf von Schneehasen lugen dagegen nur daumengroße Ohren aus dem Fell, denn im bitterkalten Eis verlieren sie so weniger Wärme.

2
Die meisten Tiere tarnen sich durch die Farbe ihres Fells. Die Tiere leben in der Wildnis. → Die meisten Tiere**, die in der Wildnis leben,** tarnen sich durch die Farbe ihres Fells.

Manche Tiere sind kaum zu erkennen. Die Tiere haben sich ihrer Umgebung angepasst. → Manche Tiere**, die sich ihrer Umgebung angepasst haben,** sind kaum zu erkennen.

> **Auswertung der Testergebnisse**
> **11–10 Punkte**
> Sehr gut! Du beherrschst den Gebrauch von Relativsätzen und kannst Sätze sinnvoll und abwechslungsreich verknüpfen.
> **9–6 Punkte**
> Das war schon recht gut. An welchen Stellen hattest du Schwierigkeiten? Arbeite die Seiten im Kapitel zu diesen Bereichen noch einmal durch und unterstreiche wichtige Informationen in den Merkkästen.
> **5–0 Punkte**
> Das war noch nicht so gut. Arbeite das Kapitel noch einmal gründlich durch. Wiederhole die Aufgaben, die dir Schwierigkeiten bereitet haben. Besprich die Testfragen anschließend mit einer Lernpartnerin/einem Lernpartner.

Wörter mit langen Vokalen richtig schreiben

SEITE 46

1 a) und **e)** *Diese Wörter könntest du unterstreichen:*

Allein im weiten Flur
Dielenbowling
Neun leere Plastikflaschen aufstellen und mit einem alten Tennisball kegeln. Vorsicht: Krise mit Nachbarn möglich.

Läuferschlittern
Anlauf nehmen und auf einer Fußmatte oder einem Läufer durch den Korridor schlittern.

Flurgolf
Mit Besen Tischtennisbälle in fremder Leute Schuhe einlochen. Anschließendes Einsammeln nicht zu vermeiden.

Garderobenbasketball
Die Hutablage dient als Korb. Vorsichtshalber nur mit Softball spielen.

1 b), c) und **d)** *Diese Wörter könntest du ergänzen:*

Wörter mit einfachem Vokal	Wörter mit Dehnungs-*h*	Wörter mit *ie*
kegeln	nehmen	anschließend
die Krise	die Schuhe	spielen
möglich	der Lehrer	verlieren
die Fußmatte	die Führung	die Lieferung
der Besen	fahren	der Riese
die Hutablage		

SEITE 47

2 a), b) und **c)**

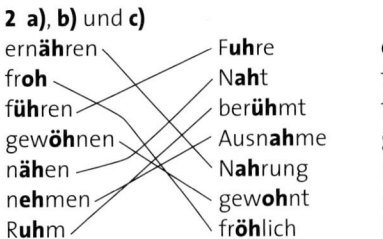

ernähren, Nahrung
froh, fröhlich
führen, Fuhre
gewöhnen, gewohnt
nähen, Naht
nehmen, Ausnahme
Ruhm, berühmt

2 d) *Diese verwandten Wörter könntest du ergänzen:*
wohnen: die Wohnung, wohnhaft, wohnlich
wählen: die Wahl, erwählen, wahllos
fühlen: das Gefühl, fühlbar, gefühllos

3 a) und **b)**

Der schwarze Peter, ein echter Räuber
Wer am Schluss den schwarzen Peter, eine Karte mit schwarzer **Markierung**, in den Händen hält, der hat das **Spiel** verloren. Erfunden hat das **Spiel** der **berühmte** Räuber Peter Petri. Mit 40 **Jahren** wurde Petri, der 1752 geboren wurde, zum Räuber. Fast 20 **Jahre** lang **hielt** Petri die Behörden in Atem, bis die Franzosen ihn **festnahmen**. Die **Strafe** musste Petri in einem Gefängnis in Paris absitzen, wo er aus purer Langeweile das **Spiel** mit dem schwarzen Peter erfand.

Wörter mit kurzen Vokalen richtig schreiben

SEITE 48

1

Wo Tanzen Erleuchtung bringt
Wer nicht das **Tanzbein schwingt**, hat in der Diskothek „**Watt**" in der niederländischen Stadt Rotterdam düstere Aussichten. Hier **müssen** die Partygäste Fuß anlegen, um die **bunten** Lichter auf der **Tanzfläche** flackern zu **lassen**. Der Boden besteht nämlich aus einzelnen rechteckigen **Platten**, die bei jedem **Schritt** und **Sprung** ein Stück nachgeben und dadurch in **Schwingung** versetzt werden. Ein Generator **wandelt** diese **Schwingungen** in elektrischen Strom um. Wenn 2000 **Gäste springen**, drehen und **stampfen**, genügt deren Energie, um die **Tanzfläche** auszuleuchten.

2 a) und **b)** *Diese verwandten Wörter könntest du notieren:*
nutzen: nützlich, der Nutzen, benutzen, die Benutzung, der Benutzer, nutzlos, …
sitzen: die Sitzung, der Sitz, die Sitzgelegenheit, die Sitzordnung, der Sitzplatz, …
hetzen: die Hetze, die Hetzerei, hetzerisch, die Hetzjagd, die Hetzkampagne, …
blitzen: der Blitz, blitzartig, blitzblank, der Blitzer, blitzschnell, das Blitzlicht ,…
kratzen: der Kratzer, kratzig, die Kratzbürstigkeit, kratzbürstig, die Krätze, kratzfest, …
stecken: verstecken, das Versteck, der Stecken, feststecken, das Steckenpferd, der Stecker, …
wecken: der Wecker, die Erweckung, erwecken, aufwecken, einwecken, das Weckglas, …
locken: die Locke, die Verlockung, verlocken, der Lockenwickler, lockig, der Lockruf, …

entdecken: die Decke, zudecken, die Deckung, die Entdeckung, decken, verdecken, ...
glücken: das Gück, glücklich, unglücklich, verunglücken, glücklos, das Unglück, ...

2 c) *Diese Zeitungsmeldungen könntest du notieren:*
Blitzlichtgewitter auf rotem Teppich! / Hetzjagd auf entlaufenen Bankräuber! / Leben auf dem Mars entdeckt! / Glück im Unglück! / Mann überlebt Blitzeinschlag! / Hetzkampagne gegen Firmenchef! / Versteck von Mafiaboss entdeckt! / Nützliche Tipps für Ihren Haushalt! Aufgeweckter Bär hält Stadt in Atem! / Neue Blitzer im inneren Stadtring!

s-Laute richtig schreiben

SEITE 49

1 a) und **b)**
fließen – der Fluss, gießen – der Guss,
schießen – der Schuss, reißen – der Riss,
beißen – der Biss, genießen – der Genuss,
schließen – das Schloss, grüßen – der Gruß

2 *Diese verwandten Wörter könntest du ergänzen:*
messen: das Maß, messbar
fressen: der Fraß, gefräßig

3
Heute fließen im Kino oft viele Tränen. → Früher sind die Tränen beim Geschichtenerzähler geflossen.
Heute schließen viele Geschäfte erst um 22:00 Uhr. → Früher haben die Geschäfte schon um 18:00 Uhr geschlossen.
Heute genießen viele ihren Urlaub in fremden Ländern. → Früher haben viele ihren Urlaub im eigenen Land genossen.

Teste dich selbst!
Wörter genau aussprechen und richtig schreiben

SEITE 50

1 a)

Schlaue Energiesparer
Schnecken, Schlangen und Frösche sind Meisster im Energiesparen: Sie verpasen den Winter und verbrinngen die kalte Jahreszeit in einer Winterstare. Schlangen können lange ohne Narung auskommen – bis zu einem Jahr. Die Blumenfledermaus muss Nährstofe nicht speichern und kann sie schnell in Energie umwanndeln. Stehen ihr aber nicht genug zur Verführung, verliert sie bis zur Hälfte ihres Gewichts an nur einem Tag.

1 b)
Meister, verpassen, verbringen, Winterstarre, Nahrung, Nährstoffe, umwandeln, Verfügung

2 a) und **b)**

Kleines Energiewunder
Die „Rose von Jericho" sieht auf den ersten Blick ziemlich hässlich aus, schließlich scheint sie schon seit Langem vertrocknet zu sein. Die wenig attraktive Wüstenpflanze kann jahrelang ohne Wasser auskommen. Dann rollt sie sich zusammen und lässt sich durch die Wüste wehen. Wer sie findet, kann sie so oft aufblühen und wieder austrocknen lassen, wie er möchte. Dafür muss man nur Wasser über die Pflanze gießen. Schon nach kurzer Zeit sieht die Rose viel besser aus: Triebe sprießen und werden immer grüner. Man weiß heute, dass die Rose früher als heilige Pflanze verehrt wurde. Man glaubte außerdem, dass jedem Besitzer Glück beschieden ist.

Auswertung der Testergebnisse
22–20 Punkte
Hervorragend! Du kannst Wörter mit kurzen und langen Vokalen unterscheiden und richtig schreiben. Nutze deine Kenntnisse auch weiterhin für eine fehlerfreie Rechtschreibung.
19–12 Punkte
Das war gar nicht schlecht, aber an einigen Stellen musst du noch üben. Schreibe deine Fehlerwörter und die dazu passenden Regeln noch einmal richtig auf und präge sie dir gut ein.
11–0 Punkte
Du musst noch üben. Schreibe deine Fehlerwörter auf und lies sie mit deutlicher Betonung vor. Notiere daneben die jeweils dazu passende Regel. Beantworte anschließend die Testfragen erneut gemeinsam mit einer Lernpartnerin/einem Lernpartner. Erklärt euch gegenseitig eure Lösungen.

Den Wortaufbau als Rechtschreibhilfe nutzen

SEITE 51

1 a) und **b)** *Die kursiv gedruckten Wörter könntest du ergänzen:*
– eröffnen, die Offenheit, *die Öffnung, öffnen, offen*
– das Gestell, die Angestellte, *die Stellung, stellen, stellungslos*
– anbinden, die Bindung, *die Verbindung, verbinden, verbindlich*
– fröhlich, der Frohsinn, *die Fröhlichkeit, frohlocken, frohgemut*
– die Kindheit, kindisch, *das Kind, kindlich, kinderlos*

2 a)

Warum ist Schnee weiß?
Schnee besteht aus Wasser, und Wasser ist normalerweise **farblos**. Regentropfen sind **durchsichtig**. Wenn aus Regen Schnee wird, gefrieren die Regentropfen zu **winzigen**, **sechseckigen** Eiskristallen. Diese reflektieren das weiße Sonnenlicht. Dadurch sieht Schnee weiß aus, schneeweiß.

2 b) *Diese verwandten Wörter könntest du ergänzen:*
das Wasser: wässrig, wasserfest, entwässern
der Spiegel: spiegeln, die Spiegelung, spiegelglatt

3 a) und **b)**
die Eiskristalle = das Eis, die Kristalle
das Sonnenlicht = die Sonne, das Licht

Suffixe für Nomen verwenden

SEITE 52

1 *Diese Nomen könntest du bilden:*
die Erfahrung, die Vermischung, die Erhaltung,
die Beschaffenheit, die Erleuchtung, die Ersparnis,
die Erscheinung, die Verteilung, die Bearbeitung

2 a)
SO UNTERSCHIEDLICH DIE AUTOS AUCH SIND, EINES HABEN SIE ALLE GEMEINSAM: SIE HABEN SCHWARZE REIFEN. DER GRUND DAFÜR LIEGT IN DER (HERSTELLUNG: EIN AUTOREIFEN BESTEHT AUS EINER (GUMMIMISCHUNG). DIE GENAUE (REZEPTUR) IST EIN STRENG GEHÜTETES (GEHEIMNIS) DER HERSTELLER. ABER EINE ZUTAT IST BEKANNT: RUß. ER SORGT DAFÜR, DASS SICH DIE0 (GUMMIMISCHUNG) GUT VERBINDET UND ER VERBESSERT DIE (HALTBARKEIT) DES REIFENS. UND DA RUß SCHWARZ IST, HAT DER REIFEN DIESELBE FARBE.

2 b)

Warum sind Autoreifen schwarz?
So unterschiedlich die Autos auch sind, eines haben sie alle gemeinsam: Sie haben schwarze Reifen. Der Grund dafür liegt in der Herstellung: Ein Autoreifen besteht aus einer Gummimischung. Die genaue Rezeptur ist ein streng gehütetes Geheimnis der Hersteller. Aber eine Zutat ist bekannt: Ruß. Er sorgt dafür, dass sich die Gummimischung gut verbindet, und er verbessert die Haltbarkeit des Reifens. Und da Ruß schwarz ist, hat der Reifen dieselbe Farbe.

3
– unterschiedlich: die Unterscheidung, die Unterschiedlichkeit
– verbindet: die Verbindung, die Verbundenheit, die Verbindlichkeit

Suffixe für Adjektive verwenden

SEITE 53

1 a)
der Freund – freundlich, die Sonne – sonnig,
der Traum – traumhaft, das Ende – endlich,
die Stunde – stündlich, der Neid – neidlos,
der Halt – haltbar

1 b) *Diese Sätze könntest du beispielsweise schreiben:*
Es war ein sonniger Morgen. / Die Aussicht war traumhaft. / Endlich bin ich diesen Schnupfen los! / Die Tabletten muss man stündlich einnehmen. / Diesen Erfolg mussten alle neidlos anerkennen. / Wie lange ist der Käse noch haltbar?

2 a)
WARUM IST DER ROTE TEPPICH ROT?

BEI EINEM WICHTIGEN POLITISCHEN EMPFANG ODER EINER VERANSTALTUNG DARF DER ROTE TEPPICH NICHT FEHLEN. DIE WAHL DER FARBE ERKLÄRT SICH AUS DER GESCHICHTLICHEN BEDEUTUNG DER FARBE ROT. DIE HERSTELLUNG DES FARBSTOFFS WAR LANGWIERIG UND DER FARBSTOFF KOSTBAR. DESHALB WAR ROT LANGE ZEIT DEN GÖTTERN UND HERRSCHERN VORBEHALTEN. BEI HERRSCHAFTLICHEN EMPFÄNGEN ROLLTE MAN DANN EINEN TEPPICH MIT KÖNIGLICHEM ROT AUS. HEUTE IST DIE FARBE FAST ALLTÄGLICH GEWORDEN.

2 b)
wichtigen, politischen, geschichtlichen, langwierig, kostbar, herrschaftlichen, königlichem, alltäglich

2 c) *Diese Adjektive könntest du bilden:*
die Wahl – wählbar, wahllos; die Zeit – zeitlich, zeitig;
die Farbe – farbig, farblich

Teste dich selbst!
Wortbausteine erkennen

SEITE 54

1
das Hundefutter, der Windhund, die Hundehütte,
der Schlittenhund, der Polizeihund, der Schoßhund,
die Hundeleine, der Hundekorb

2 a)
_____ = rot (Adjektive)
.... = blau (Nomen)

GESPENSTIG, ÄNDERUNG, ANFÄNGLICH, GEMEINHEIT, RUNDLICH, TASTATUR, HEILSAM, NEIDISCH, TOURISMUS, ÖRTLICH, BEISPIELHAFT, AUFFÄLLIG, MITTEILSAM, EIGENSCHAFT, LIEBLOS

2 b)
anfänglich, die Gemeinheit, rundlich, die Tastatur, heilsam, neidisch, der Tourismus, örtlich, beispielhaft, auffällig, mitteilsam, die Eigenschaft, lieblos

3 *Diese Wörter könntest du notieren:*
– fallen: die Falle, überfallen, gefallen
– halten: die Haltung, enthaltsam, haltlos

4
Die ~~Gestrige~~ / gestrige Aufstellung / ~~aufstellung~~ war ~~Traumhaft~~ / traumhaft.
Die Spieler freuten sich über die ~~Stürmische~~ / stürmische Begrüßung / ~~begrüßung~~.
Er war sehr ~~Glücklich~~ / glücklich, als seine Mannschaft / ~~mannschaft~~ gewann.
Das ~~Sportliche~~ / sportliche Ereignis blieb lange in Erinnerung / ~~erinnerung~~.

> **Auswertung der Testergebnisse**
> **30–27 Punkte**
> Das hast du wirklich gut gemacht! Du beherrschst die Bildung von Nomen und Adjektiven und kannst sie richtig schreiben. Präge dir die entsprechenden Wortbausteine gut ein, denn sie helfen dir bei der Rechtschreibung.
> **26–16 Punkte**
> Das war schon ziemlich gut. Lies die Merkkästen noch einmal und markiere die Endungen, die für Nomen und für Adjektive jeweils typisch sind. Wiederhole anschließend die Aufgaben, bei denen du Probleme hattest.
> **15–0 Punkte**
> Du musst noch üben. Lies die Merkkästen und notiere dir zu jedem typischen Suffix für Nomen und zu jedem typischen Suffix für Adjektive ein Beispielwort in dein Heft.

Getrennt- und Zusammenschreibung

SEITE 55

1 a)
Kritik üben, Bescheid wissen, Sport treiben, Freundschaft schließen, Auto fahren, Wort halten, Angst haben

1 b) *Diese Sätze könntest du schreiben:*
Ich möchte in dem Bereich mehr Verantwortung übernehmen. / Musst du ständig an mir Kritik üben? / Seine Mutter will darüber Bescheid wissen, wann er nach Hause kommt. / In den Ferien konnte sie viele neue Freundschaften schließen. / Willst du mit dem Auto fahren? / Er ist zuverlässig und wird Wort halten. / Du brauchst keine Angst zu haben.

2
Profitänzer: Tangotanzen auf Hochhaus!
Neuer Supermarkt: Schlangestehen vermieden!
Automesse: Probefahren von neuen Modellen!
Klavierspielen schon für Dreijährige?

SEITE 56

1 a)
mutig sein / wach sein / vorsichtig sind / gefährlich sein / sportlich ist / heldenhaft sind

1 b) *So könnte deine Lösung lauten:*
Bei einem Stuntprofi ist das **Mutigsein** besonders wichtig. Außerdem sind **Vorsichtigsein** und **Sportlichsein** bei diesem gefährlichen Beruf gefragt.

Teste dich selbst!
Getrennt oder zusammen?

SEITE 57

1
Schule auf dem Meeresgrund
Marc muss jetzt stark sein / ~~starksein~~ und darf auf keinen Fall Angst haben / ~~angsthaben~~. Der Franzose wird zusammen mit Kollegen in einen Stahlcontainer eingeschlossen, der auf einem Schiff vor der Küste Marseilles ankert. Die Männer möchten an einer Schulung ~~teilnehmen~~ / teilnehmen, die tief unten auf dem Meeresboden ~~statt findet~~ / stattfindet: Sie werden zu Tauchern ausgebildet. Will man dabei sein / ~~dabeisein~~, muss man kerngesund sein / ~~kerngesundsein~~. Vor den Herausforderungen sollte jeder Respekt haben / ~~respekthaben~~: Die Ausbildung kann gefährlich sein / ~~gefährlichsein~~ und man sollte einen langen Atem haben: Erst nach vier bis acht Wochen darf man ~~heim fahren~~ / heimfahren.

2 a)
Ball spielen, Abschied nehmen, Anerkennung finden, Not leiden, Interesse zeigen

2 b) *Diese Sätze könntest du schreiben:*
Laura gibt ihr ganzes Geld fürs Tangotanzen aus.
Das Abschiednehmen fällt den beiden sehr schwer.

3 *Diese Sätze könntest du schreiben:*
Tarina hat das **Alleinsein** lieben gelernt. / Adrian genießt das **Sonnenbaden** auf dem heimischen Balkon. / Regelmäßiges **Sporttreiben** ist für Natalia unverzichtbar.

> **Auswertung der Testergebnisse**
> **20–19 Punkte**
> Sehr gut! Du beherrschst die Zusammen- oder Getrenntschreibung von Verbindungen aus Nomen und Verb und von Verbindungen mit *sein*.
> **18–11 Punkte**
> Das war schon recht gut. Überprüfe, an welchen Stellen du noch Fehler machst. Wiederhole die entsprechenden Seiten im Kapitel.
> **10–0 Punkte**
> Du musst noch üben. Lies die Merkkästen noch einmal aufmerksam durch und markiere wichtige Informationen. Wiederhole anschließend die Übungen, bei denen du Schwierigkeiten hattest.

Nomen großschreiben

SEITE 58

1 a) und **b)**
hindern – das Hinder̲nis, altern – das Alter̲tum,
umgeben – die Umge̲bung, schnell – die Schnell̲igkeit,
fremd – die Fremd̲heit, kurz – die Kürz̲ung,
hell – die Hell̲igkeit

2
die Rechnung, die Klugheit, das Erlebnis, die Prüfung, das Wagnis, die Dankbarkeit

3

Mission im All
Das war ein **Ereignis**! Im Jahre 2006 verbrachte der deutsche Astronaut Thomas Reiter insgesamt 167 Tage im All. Während des Aufenthalts in dieser lebensfeindlichen **Umgebung** nutzte er die **Schwerelosigkeit**, um Experimente durchzuführen. In schöner **Regelmäßigkeit** bewegte er sich frei schwebend im All. Das war für ihn eine faszinierende **Erfahrung**. Mit Hilfe der verschiedenen **Untersuchungen** wollen Forscher wichtige **Erkenntnisse** über den Gleichgewichtssinn des Menschen erhalten.

SEITE 59

1 a)
ein ungewöhnlicher <u>versuch</u> / seine vielen schlauen <u>fragen</u> / dieses große weltweite <u>interesse</u>

1 b)
– unbestimmter Artikel: ein
– Adjektive: ungewöhnlicher, schlauer, große, weltweite
– Mengenangaben: vielen
– Possessivpronomen: seine
– Demonstrativpronomen: dieses

1 c)
ein ziemlich ungewöhnlicher Versuch / seine vielen schlauen Fragen / dieses große weltweite Interesse

2 a)
TEDDYBÄREN (IM) ALL
ANGEBLICH SIND (UNGEWÖHNLICHE) RAUMFAHRER VON ENGLAND AUS (INS) ALL GESTARTET. (VIER) TEDDYBÄREN WURDEN IN (DEN) WELTRAUM GESCHICKT. SIE TRUGEN (MODERNE) RAUMANZÜGE UND WAREN MIT (MEHREREN) KAMERAS, NAVIGATIONSGERÄTEN UND COMPUTERN AUSGESTATTET. (IHRE) ANZÜGE WAREN VON SCHÜLERN FÜR (EIN) WISSENSCHAFTSPROJEKT GESTALTET WORDEN. MAN WOLLTE HERAUSFINDEN, WAS FÜR (EIN) RAUMANZUG (DIE) TEDDYS (IM) ALL SCHÜTZT.

2 b)

Teddybären im All
Angeblich sind ungewöhnliche Raumfahrer von England aus ins All gestartet. Vier Teddybären wurden in den Weltraum geschickt. Sie trugen moderne Raumanzüge und waren mit mehreren Kameras, Navigationsgeräten und Computern ausgestattet. Ihre Anzüge waren von Schülern für ein Wissenschaftsprojekt gestaltet worden. Man wollte herausfinden, was für ein Raumanzug die Teddys im All schützt.

Nominalisierungen großschreiben

SEITE 60

1 a) *So könnte deine Lösung lauten:*
etwas Gutes, wenig Neues, nichts Schlimmes, alles Alte, das Lachen, beim Tanzen, zum Baden, beim Sprechen

1 b) *Diese Sätze könntest du schreiben:*
Zu Silvester gab es etwas Gutes zu essen. / Die Herbstmode bringt wenig Neues. / Bei dem Test musst du nichts Schlimmes erwarten. / Als Antiquitätenhändler liebt er alles Alte. / Das Lachen blieb ihnen im Halse stecken. / Beim Tanzen trat er ihr ständig auf die Füße. / Zum Baden fahren wir an den See. / Beim Sprechen von Fremdsprachen ist er sehr talentiert.

2 a) und **b)**

Eis auf dem Mond?
(Etwas) Interessantes vermuten amerikanische Forscher der NASA: Eis auf dem Mond. Da (das) Leuchten der Sonne nicht alle Krater erreicht, hält die NASA (ein) Vereisen dieser Krater für wahrscheinlich. Dieses Eis könnte durch (das) Einschlagen eines Kometen dort hingelangt sein. (Das) Entdecken des Mondeises könnte (etwas) Nützliches haben: Es soll sich für (das) Herstellen von Raketentreibstoff eignen.

3
Schon vor Tausenden von Jahren kamen die Menschen beim Blick in den Himmel ins ~~staunen~~ / Staunen. Wenn die Hirten nachts bei ihren Schafen im ~~freien~~ / Freien lagerten und hoch / ~~Hoch~~ oben das ~~leuchten~~ / Leuchten der Sterne sahen, kamen sie regelmäßig ins ~~grübeln~~ / Grübeln. Das ~~beobachten~~ / Beobachten der Himmelsbilder regte ihre Fantasie an. Sie merkten schon früh / ~~Früh~~, dass viele Sterne immer wieder die gleichen / ~~Gleichen~~ Wege am Himmel zurücklegten. Das war für sie etwas ~~wunderbares~~ / Wunderbares.

Zeitangaben schreiben – groß oder klein?

SEITE 61

1 b)
Samstag, Freitagnacht, Nacht, Vormittag, Nachmittag

1 c)
Mit Hilfe der Artikelprobe lässt sich nachweisen, dass diese Zeitangaben großgeschrieben werden müssen.

1 d)
_____ = rot (Zeitangaben mit -s am Ende)
.... = grün (Zeitadverbien)

Es war an einem Samstag im Juli 1969. Ich erinnere mich noch, als wäre es <u>gestern</u> gewesen. Schon Freitagnacht konnte ich vor Aufregung kaum schlafen. Als ich <u>samstagmorgens</u> aufwachte, hatte ich nur einen Gedanken im Kopf: Der erste Mensch wird <u>heute</u> Nacht den Mond betreten. Den ganzen Vormittag konnte ich mich nicht richtig auf die Hausarbeit konzentrieren. Als ich <u>mittags</u> abspülte, fragte ich mich, ob es auf dem Mond wohl Wasser gibt. Beim Staubwischen am Nachmittag stellte ich mir vor, dass unsere schmutzigen Regale in Wahrheit mit kostbarem Mondstaub bedeckt seien.

2
Gegen Abend / dieser Tag / spät nachts / die ganze Nacht / früh morgens / eines Tages

Teste dich selbst!
Groß oder klein?

SEITE 62

1 a)
TEENAGER ENTDECKT HIMMELSKÖRPER
(DER) (15) JAHRE (ALTE) POLE PIOTR BEDNAREK INTERESSIERT SICH FÜR ASTRONOMIE UND SURFT IN (SEINER) FREIZEIT GERNE (IM) INTERNET. DESHALB HAT ER SICH AUCH AUF (DEN) SEITEN (DER) UNIVERSITÄT IN ARIZONA UMGESEHEN UND (DIE) AUFNAHMEN (EINES) TELESKOPS VERGLICHEN, DAS AUF (DEM) GIPFEL (EINES) (HOHEN) BERGES STEHT. DABEI IST IHM ETWAS AUFGEFALLEN – (EIN) (NEUER) HIMMELSKÖRPER! PIOTR WANDTE SICH AN (DIE) UNIVERSITÄT, DIE (SEINE) ENTDECKUNG BESTÄTIGTE. (SEIN) (NEUER) HIMMELSKÖRPER TRÄGT NUN (DEN) NAMEN 2005 QK76.

1 b)
Teenager, Himmelskörper, der 15 Jahre alte Pole, Piotr Bednarek, Astronomie, seiner Freizeit, im Internet, den Seiten, der Universität, Arizona, die Aufnahmen, eines Teleskops, dem Gipfel, eines hohen Berges, ein neuer Himmelskörper, Piotr, die Universität, seine Entdeckung, sein neuer Himmelskörper, den Namen 2005 QK76

2
Als Astronaut erlebt man viel **Aufregendes**. Im All gibt es noch jede Menge **Neues** zu entdecken. An Bord eines Spaceshuttles passiert einiges **Interessantes**. Allerdings ist das **Arbeiten** als Astronaut sehr anspruchsvoll. Wenn etwas **Überraschendes** eintritt, muss man schnell reagieren. In brenzligen Situationen ist es wichtig, das **Richtige** zu tun. Beim **Vorbereiten** der Mission werden solche Situationen trainiert. Denn eine **gute** Vorbereitung ist für Astronauten enorm wichtig.

Auswertung der Testergebnisse
23–22 Punkte
Das hast du wirklich gut gemacht! Bei der Groß- und Kleinschreibung bist du sehr sicher.
21–12 Punkte
Das war schon ganz gut, aber es gab noch ein paar Schwierigkeiten. Übe diese Fehlerschwerpunkte auf den entsprechenden Seiten des Kapitels. Markiere in den Merkkästen Punkte, die dir bei der Entscheidung helfen, ob ein Wort groß- oder kleingeschrieben wird.
11–0 Punkte
Du musst noch üben. Lies noch einmal die Merkkästen. Präge dir die Begleitwörter zu den Nomen gut ein. Beantworte anschließend die Testfragen gemeinsam mit einer Lernpartnerin/einem Lernpartner erneut. Begründet euch gegenseitig, warum ihr euch für die Groß- oder Kleinschreibung entschieden habt.

Kommas in Aufzählungen und Satzreihen

SEITE 63

1

Wie sagt man der Queen „Guten Tag"?
Bei uns gibt man sich die Hand**,** umarmt sich oder man drückt sich ein Küsschen auf die Wange. Aber es gibt noch viel mehr Möglichkeiten für die formvollendete Begrüßung, z.B. bei Hofe**,** auf dem Surfbrett oder im fernen Asien.

2

Begrüßungen – ganz unterschiedlich
Pfadfinder reichen sich die linke Hand, heben die rechte Hand auf Schulterhöhe, weisen mit drei Fingern nach oben und legen den Daumen auf den kleinen Finger. Besucher der englischen Königin sind sehr höflich, sehr zurückhaltend, machen als Frau einen Knicks und als Mann eine kleine Verbeugung.

3
Viele Ureinwohner Neuseelands drücken Stirn und Nase sanft aneinander, denn sie wollen ihren Lebensatem austauschen. In Thailand möchte man oft seinen Respekt füreinander ausdrücken, deshalb hält man aneinandergelegte Hände möglichst hoch am Oberkörper. Surfer geben sich nicht die Hand, sondern sie begrüßen sich mit geschlossener Faust, von der Daumen und kleiner Finger abgespreizt sind.

Das Komma in Satzgefügen

SEITE 64

1

Begrüßung einmal im Jahr
Freudig begrüßen wir das neue Jahr**, wenn** es bei uns zu Silvester Mitternacht wird. Wir feiern immer am 1. Januar**, weil** Papst Gregor der XIII. vor etwas mehr als 400 Jahren diesen Tag als Jahresanfang festgelegt hat. Dieser Papst verwendete das Sonnenjahr mit zwölf Monaten und 365 Tagen**, als** er seinen Kalender bestimmte.

2
In China feiert man Silvester Ende Januar oder Anfang Februar**, weil** man sich dort nach dem Mondkalender richtet.
Ein Mondmonat hat ungefähr 29,5 Tage**, sodass** ein Mondjahr kürzer als ein Sonnenjahr ist.
Das chinesische Jahr wäre ständig zu kurz**, wenn** sich die Chinesen nur nach dem Mond richten würden.
Alle drei Jahre fügen die Chinesen einen Monat hinzu**, damit** der Unterschied zum Sonnenjahr ausgeglichen wird.

3
Wenn es an Silvester 00:00 Uhr ist**,** stoßen wir mit Sekt an. Dann gehen wir raus auf die Straße**,** damit wir uns das Feuerwerk ansehen können. Unsere Katze bleibt so lange unterm Sofa**,** weil sie Angst hat. Obwohl es meistens ziemlich kalt ist**,** bleiben wir lange draußen.

Das Komma in Relativsätzen

SEITE 65

1

Einzigartige Stimme
Ein Pinguin, (der) seine Partnerin wiederfindet, begrüßt sie stets lautstark. Pinguin-Kolonien, in (denen) die schwarz-weißen Antarktisbewohner leben, können aus bis zu einer Million Tiere bestehen. Die Tiere, (die) irgendwie alle gleich aussehen, können sich am besten an den unterschiedlichen Lauten erkennen.

2 a) und b)
Die Begrüßung, (die) eigentlich unter Delfinen üblich ist, ist das Aneinanderreiben der Brustflossen. Schwertwalgruppen, (denen) andere Artgenossen im Meer begegnen, verharren erst einmal einige Sekunden lang. Das Ritual, mit (dem) sich diese Meerestiere dann begrüßen, ist recht ungewöhnlich. Sie umschwimmen sich im Kreis und toben anschließend ausgelassen miteinander herum.

Teste dich selbst! Mit Komma oder ohne?

SEITE 66

1 a) und b)
_____ = blau (Satzgefüge)
.... = rot (Satzreihen)

Konnichiwa – Guten Tag!
Körperkontakt wird in Japan als etwas sehr Intimes angesehen, deshalb begrüßen sich die Menschen nicht mit Umarmung oder Wangenkuss. Zur Begrüßung oder Verabschiedung gibt man sich auch nicht die Hand, sondern man verbeugt sich voreinander. Die Hände liegen dabei auf den Oberschenkeln oder sie befinden sich leicht seitlich an den Oberschenkeln. Die Verbeugung ist ein Zeichen gegenseitiger Achtung und sie unterliegt strengen Regeln. Jüngere Menschen verbeugen sich gegenüber älteren Personen tiefer, damit sie ihrem Respekt Ausdruck verleihen. Wenn ein Schüler einen Lehrer begrüßt, muss er länger in der Verbeugung verharren. Ein direkter Blickkontakt wird vermieden, da dieser von Japanern als unhöflich empfunden wird.

2
In arabischen Ländern wird bei der Begrüßung, die ganz anders als in Japan ist, meist einmal auf die eine und dann auf die andere Wange geküsst. / Ältere Menschen küsst man auf die Hand, die man mit der Stirn berührt. / Das Küssen auf die Hand ist ein Ritual, das der traditionellen Verbeugung hinzugefügt wird.

Auswertung der Testergebnisse
18–17 Punkte
Sehr gut! Bei der Zeichensetzung bist du schon sehr sicher.
16–10 Punkte
Das war schon ziemlich gut. Was bereitet dir noch Probleme? Übe diese Fehlerschwerpunkte auf den entsprechenden Seiten des Kapitels und unterstreiche alle wichtigen Regeln für die Zeichensetzung in den Merkkästen.
9–0 Punkte
Du musst noch üben. Arbeite das Kapitel zur Zeichensetzung noch einmal gründlich durch. Schreibe aus deinem Schülerbuch kurze Texte ohne Zeichensetzung ab und setze anschließend selbst die Zeichen, ohne nachzuschauen. Vergleiche dein Ergebnis mit der Vorlage.

dass-Sätze bilden

SEITE 67

1 a)
Ich bin dafür, dass Schreiben am Computer gelernt werden sollte. In den meisten Berufen wird doch vorausgesetzt, dass man mit einem Rechner umgehen kann.

1 b)
Es ist wichtig, **dass** man Schreiben erst mit der Hand und dann am Computer lernt. Man darf nicht vergessen, **dass** es manchmal einen Stromausfall gibt und man Computer nicht nutzen kann. Man hört regelmäßig, **dass** der Computer viele zum Schreiben motiviert.

SEITE 68

2 a) und b) *So könnte deine Lösung lauten:*
Hinzu kommt, dass der Computer den Arbeitsprozess erleichtert und beschleunigt. Es ist bekannt, dass vor zwanzig Jahren nur wenige Menschen einen Computer besaßen. Man muss betonen, dass Computer in vielen Ländern noch immer nicht zum Alltag gehören. Es darf nicht übersehen werden, dass sich viele Menschen durch Computer und Internet weltweit vernetzen können.

3 b) *So könnte deine Lösung lauten:*
Es ist erstaunlich, dass er trotzdem stolze 400 Dollar kostete. Man kann feststellen, dass der Altair der erste Computer war, der nicht so groß war wie ein Kleiderschrank. Es ist bekannt, dass der berühmte Heimcomputer „Commodore 64" 20 Millionen Mal verkauft wurde.

Teste dich selbst!
dass-Sätze bilden
SEITE 69

1
Manche hoffen, dass sie die richtigen Lottozahlen angekreuzt haben. Viele denken, dass der Mensch sich in Zukunft anders fortbewegen wird. Einige vermuten, dass ein vierblättriges Kleeblatt Glück bringt.

2
Sie waren verwundert, dass sie plötzlich eine Kaufbestätigung über einen italienischen Kleinwagen in Rosa erhielten. Es überraschte viele Leute, dass der kleine Junge anscheinend beim Ersteigern im Internet die „Sofort-Kaufen"-Funktion aktiviert hatte. Die Mutter ärgerte sich, dass sie den Computer für kurze Zeit unbeaufsichtigt gelassen hatte. Die Eltern waren dann sehr zufrieden, dass sie den Kauf rückgängig machen konnten.

> **Auswertung der Testergebnisse**
> **11–10 Punkte**
> Gut gemacht! Du kannst *dass*-Sätze bilden und weißt, an welche Stelle in *dass*-Sätzen ein Komma gehört.
> **9–6 Punkte**
> Das war schon recht gut. Lies dir den Merkkasten noch einmal aufmerksam durch und markiere wichtige Informationen.
> **5–0 Punkte**
> Du musst noch üben. Lies den Merkkasten noch einmal aufmerksam durch und markiere wichtige Informationen. Wiederhole anschließend die Übungen, bei denen du Schwierigkeiten hattest.

Wörter ableiten
SEITE 70

1
gefährlich – die Gefahr, geträumt – der Traum, die Anhäufung – der Haufen, die Verständigung – der Verstand, unschätzbar – der Schatz

2
Mona Lisa – rätselhaft und kurz verschwunden
Das Bild der Mona Lisa von Leonardo da Vinci gehört zu den großen R**ä**tseln der Kunstgeschichte. Bis in die h**eu**tige Zeit fragen sich Kunstkenner: Wer mag sie sein? Warum der verkl**ä**rte Blick? Aber nicht nur das **äu**ßere Erscheinungsbild hat die Mona Lisa berühmt gemacht. 1911 gelang es einem R**äu**ber, das Bild zu entwenden. Zwei Jahre danach musste er seine B**eu**te wieder hergeben: Er wurde in Florenz gefasst. 1956 wurde die untere H**ä**lfte des Bildes durch ein S**äu**reattentat schwer beschädigt.

3 a)
die Klugheit, die Langsamkeit, die Bitterkeit / die Bitternis, die Schönheit, die Finsternis, die Dunkelheit, die Faulheit

3 b)
sonnig, pflanzlich, windig, eisig, sportlich, kräftig

Wörter verlängern
SEITE 71

1
bewe**g**t – bewe**g**en, stin**k**t – stin**k**en, le**b**t – le**b**en, fra**g**t – fra**g**en, len**k**t – len**k**en, fän**g**t – fan**g**en, win**k**t – win**k**en, schwin**g**t – schwin**g**en

2 a)
Adjektive mit *-ig*: lästig, witzig, geizig
Adjektive mit *-lich*: nützlich, schädlich, königlich

2 b) *So könnte deine Lösung lauten:*
der Nutzen – nütz**lich**, der nütz**lich**e Hinweis
die Last – läst**ig**, die läst**ig**e Fliege
der Witz – witz**ig**, die witz**ig**e Meldung
der Schaden – schäd**lich**, die schäd**lich**en Abgase
der Geiz – geiz**ig**, der geiz**ig**e Bekannte
der König – königl**ich**, die könig**lich**en Gewänder

3
Verhüllt, verpackt, verschwunden
Christo und Jeanne-Claude sind als berühmtestes Künstlerehepaar der Gegenwar**t** weltwei**t** bekann**t**. Ihre Spezialitä**t**: einen Gegenstan**d** oder ein Gebäude einzupacken. Nach langer Vorbereitun**g** und einer hitzig geführten Debatte im ganzen Lan**d** konnten Christo und Jeanne-Claude im Juni 1995 endlich den Berliner Reichsta**g** verhüllen. Insgesam**t** hatte es 23 Jahre gedauer**t**, bis dieses Projek**t** endlich Gestal**t** annahm. Über fünf Millionen Besucher sahen sich das Kunstwer**k** an.

Nomen erkennen
SEITE 72

1 a)
(Beim) spielen bekam er (vom) schiedsrichter (die) rote karte. (Seine) gegenspieler beschwerten sich (beim) trainer. Er entschuldigte sich für (sein) unfaires verhalten. (Diese) entschuldigung wurde von (seinem) publikum begrüßt.

1 b)
Beim Spielen bekam er vom Schiedsrichter die rote Karte. Seine Gegenspieler beschwerten sich beim Trainer. Er entschuldigte sich für sein unfaires Verhalten. Diese Entschuldigung wurde von seinem Publikum begrüßt.

2 a)
_____ = rot (Nominalisierungen)
.... = blau (Nomen)

(DAS) INTERESSANTE (BEIM) SPORTFEST WAREN (DIE) LAUFWETTBEWERBE. (BEIM) LAUFEN ERREICHTE BEN (EINEN) NEUEN SCHULREKORD. NUR (BEIM) FUẞBALL GESCHAH (ETWAS) SELTSAMES. ALLEIN (DER) WIND VOLLBRACHTE (DAS) ERSTAUNLICHE UND TRIEB (DEN) BALL (INS) TOR. FÜR (DIE) KLASSE 7A WAR (DAS) ERGEBNIS (ZUM) HEULEN. ABER (DAS) JUBELN (DER) GEWINNER WAR BIS (ZUR) STRAẞE ZU HÖREN. SO (VIEL) ERFREULICHES HATTEN SIE NICHT ERHOFFT.

2 b)

Das Interessante beim Sportfest waren die Laufwettbewerbe. Beim Laufen erreichte Ben einen neuen Schulrekord. Nur beim Fußball geschah etwas Seltsames. Allein der Wind vollbrachte das Erstaunliche und trieb den Ball ins Tor. Für die Klasse 7 a war das Ergebnis zum Heulen. Aber das Jubeln der Gewinner war bis zur Straße zu hören. So viel Erfreuliches hatten sie nicht erhofft.

Teste dich selbst! Rechtschreibstrategien

SEITE 73

1 a) und **b)**
Eisbären / wächst / kurzerhand / trägt / Tierkind / Aufwachsen / Rückkehr / Wege

2
bl**äu**lich – bl**au**; die K**ä**lte – k**a**lt; gef**ä**hrlich – die Gef**a**hr; der Win**d**hun**d** – win**d**ig, die Hun**d**e; schl**ä**gt – schl**a**gen; das Gesch**enk** – sch**enk**en, die Gesch**enk**e

> **Auswertung der Testergebnisse**
> **22 – 21 Punkte**
> Sehr gut! Du beherrschst zentrale Rechtschreibstrategien und kannst sie gezielt für eine fehlerfreie Rechtschreibung einsetzen.
> **20 – 12 Punkte**
> Das war schon recht gut. Überprüfe, an welchen Stellen du noch Fehler machst. Wiederhole die entsprechenden Seiten im Kapitel.
> **11 – 0 Punkte**
> Trainiere den Umgang mit Rechtschreibstrategien, denn diese helfen dir dabei, Wörter richtig zu schreiben. Arbeite das Kapitel noch einmal gründlich durch. Lies die Merkkästen aufmerksam und markiere wichtige Informationen. Wiederhole anschließend die Testfragen gemeinsam mit einer Lernpartnerin/einem Lernpartner. Erklärt euch gegenseitig eure Lösungen.

Teste dein Wissen! Lernstandstest

SEITE 76

2
Antwort 2 gibt am treffendsten wieder, wovon die Erzählung handelt.

3 *So könnten deine Überschriften lauten:*
Abschnitt I: Ein Leben im Dienste der Pünktlichkeit
Abschnitt II: Eine bahnbrechende Erkenntnis
Abschnitt III: Neue Freiheit

4 a) *So könnte deine Einleitung lauten:*
Die Erzählung „Der Mann, der nie zu spät kam" von Paul Maar handelt von einem Mann, der sein ganzes Leben danach ausrichtet, pünktlich zu sein. Eines Tages zeigt ihm jedoch ein folgenreiches Ereignis, dass Unpünktlichkeit manchmal lebensrettend sein kann, woraufhin er sein Leben ändert und es mit der Pünktlichkeit nicht mehr so genau nimmt.

SEITE 77

4 c) *So könnte der Hauptteil deiner Inhaltszusammenfassung lauten:*
Eines Tages wird Kalk von seinem Chef für fünfundzwanzigjährige Pünktlichkeit im Beruf geehrt. Auf dem Fest trinkt man Sekt, was Kalk nicht gewohnt ist. Deshalb wird er sofort betrunken und muss von Kollegen nach Hause gebracht werden. Am nächsten Morgen verschläft er, eilt erheblich verspätet zum Bahnhof, stolpert in seiner Panik über einen Koffer und fällt auf die Schienen. Als Fahrplankenner weiß er, dass in diesem Moment auf dem Gleis ein Zug einfährt. Er rechnet damit, überfahren zu werden. Doch der Zug hat Verspätung, sodass Kalk nichts passiert. Aufgrund dieses Ereignisses ändert Kalk sein Leben und ist fortan unpünktlich.

4 d)
Mir hat die Erzählung „Der Mann, der nie zu spät kam" von Paul Maar sehr gut gefallen, da ich sie unterhaltsam finde. Kalk hat sein ganzes Leben lang Angst davor, unpünktlich zu sein. Am Ende rettet ihm allerdings ausgerechnet eine Zugverspätung das Leben, was der Erzählung eine humorvolle Wendung gibt.

SEITE 78

5 b)
Später <u>arbeitete</u> <u>Wilfried</u> in einem großen Büro in der Nachbarstadt. (Subjekt und Prädikat) Er musste <u>mit dem Zug</u> zur Arbeit fahren. (Adverbiale Bestimmung der Art und Weise) Trotzdem kam er nie zu spät. Er nahm <u>den frühesten Zug</u> und stand <u>immer zwanzig Minuten vor der Abfahrt</u> <u>auf dem richtigen Bahnsteig</u>. (Akkusativ-Objekt und Adverbiale Bestimmungen des Ortes und der Zeit)

6 b)
Hauptsatz: 2, 4, 5
Satzgefüge: 1, 3, 6

6 c)
(Als) <u>Wilfried fünfundzwanzig Jahre lang nie zu spät zur Arbeit gekommen war</u>, veranstaltete der Chef ihm zu Ehren nach Dienstschluss eine Feier. Es war das erste Mal, (dass) <u>Wilfried Alkohol trank</u>. (Als) <u>der Chef ihm ein drittes Glas eingegossen hatte</u>, mussten zwei Arbeitskollegen den völlig betrunkenen Wilfried heim- und ins Bett bringen.

7
Der Chef stellte Kalk gern als gutes Beispiel hin, **weil** Kalk die Pünktlichkeit in Person war. Auf der Feier mit seinen Kollegen trank er gleich drei Gläser Sekt, **obwohl** er normalerweise Alkohol ablehnte. **Obwohl** Kalk normalerweise schon eine halbe Stunde vor dem Weckerklingen wach war, verschlief er am Tag nach der Feier. **Weil** der 9:16-Uhr-Zug sieben Minuten Verspätung hatte, wurde Kalk nicht vom Zug überfahren.

SEITE 79

8 a)

_____ = rot (Nominalisierungen)
.... = blau (Nomen)

DAS MERKWÜRDIGE AN KALK WAR SEINE ÜBERTRIEBENE PÜNKTLICHKEIT. NICHT NUR KANNTE ER ALLE ANKUNFTS- UND ABFAHRTSZEITEN DER ZÜGE, SONDERN ER VERBRACHTE GANZE ABENDE MIT DEM LESEN UND AUSWENDIGLERNEN VON FAHRPLÄNEN. EINES TAGES GESCHAH ETWAS SELTSAMES UND KALK HÖRTE PLÖTZLICH MIT DEM PÜNKTLICHSEIN AUF.

8 b)
Das Merkwürdige an Kalk war seine übertriebene Pünktlichkeit. Nicht nur kannte er alle Ankunfts- und Abfahrtszeiten der Züge, sondern er verbrachte ganze Abende mit dem Lesen und Auswendiglernen von Fahrplänen. Eines Tages geschah etwas Seltsames und Kalk hörte plötzlich mit dem Pünktlichsein auf.

9 a)
die F**eu**chtigkeit, aufr**äu**men, der L**eu**chter, bed**eu**ten, s**äu**bern, anf**eu**ern, n**eu**nzig, sch**äu**men, s**äu**erlich, die Fr**eu**ndlichkeit

9 b)
die Blin**d**schleiche, der Blu**t**egel, der Drah**t**esel, das Er**d**männchen, das Fel**d**huhn, die Lan**d**ratte, das Rin**d**vieh, der Schwer**t**fisch

10
Kalks Pünktlichkeit schlä**g**t jeden! / Mer**k**würdiger Zwang zur Pünktlichkeit / Ein den**k**würdiges Ereignis / Mann entgeht Zu**g**unglück!

Auswertung der Testergebnisse

64–58 Punkte
Das hast du sehr gut gemacht! Du bist in allen Lernbereichen fit.

57–35 Punkte
Das war schon ganz gut. Welche Lernbereiche bereiten dir noch Schwierigkeiten? Wiederhole die entsprechenden Kapitel.

34–0 Punkte
Das war noch nicht so gut. Überprüfe, in welchen Lernbereichen du noch Fehler machst. Trainiere diese Fehlerschwerpunkte gezielt und kläre gemeinsam mit einer Lernpartnerin/einem Lernpartner offene Fragen.